Volker Barth

# Betriebliche Werteprozesse
## Fachkraft für Lagerlogistik

## Lösungen

6. Auflage

Gültig ab der 6. Auflage des Lehrbuches

Bestellnummer 03629

Haben Sie Anregungen oder Kritikpunkte zu diesem Produkt?
Dann senden Sie eine E-Mail an 03629@bv-1.de
Autoren und Verlag freuen sich auf Ihre Rückmeldung.

**www.bildungsverlag1.de**

Bildungsverlag EINS GmbH
Sieglarer Straße 2, 53842 Troisdorf

ISBN 978-3-441-**03629**-6

# 1 Das betriebliche Rechnungswesen

## 1.1 Grundlagen des betrieblichen Rechnungswesens

**Lösung zu Handlungsaufträgen:**

1. – Buchführung
   – Kosten- und Leistungsrechnung
   – Statistik
   – Planung
2. – HGB § 238 (1)
   – AO § 141
   – GoB
3. – lückenlose Aufzeichnung aller Geschäftsvorfälle einer Unternehmung in der richtigen zeitlichen Reihenfolge
   – Ermittlung des Vermögens und der Schulden am Jahresende
   – der Feststellung aller Veränderungen des Vermögens und der Schulden während des Jahres
   – Erfolgsermittlung
   – Lieferung von Zahlen für die Preisfestlegung
   – Lieferung von Kennzahlen für die innerbetriebliche Kontrolle und für Betriebsvergleiche
   – Lieferung von Grundlagen für die gerechte Steuerfestsetzung
   – als Beweismittel bei Rechtsstreitigkeiten mit Lieferanten, Kunden, Kreditgebern und Behörden

## 1.2 Inventur, Inventar und Bilanz

### 1.2.1 Inventur

**Lösung zu Handlungsaufträgen:**

1. Um den tatsächlichen Bestand festzustellen, da der Istbestand durch Diebstähle, Schwund etc. niedriger als der Sollbestand sein kann.
2. Bestandserfassung → wie: zählen, messen, wiegen, berechnen, schätzen
   Bestandserfassung → wann: Stichtagsinventur, permanente Inventur, verlegte Inventur

### 1.2.2 Inventar

**Lösung zu Handlungsaufträgen:**

1. Das Vermögen sollte in langfristig zur Verfügung stehende Vermögenswerte (AV) und kurzfristig zur Verfügung stehende Vermögenswerte (UV) eingeteilt werden, wobei allerdings sämtliche Vermögenswerte überdies nach dem Grundsatz der zunehmenden Liquidität anzuordnen sind. Die Schulden sollten nach dem Prinzip der abnehmenden Fristigkeit in lang- und kurzfristige Schulden untergliedert werden.
2. Vermögen
   – Schulden
   Reinvermögen

**Wesen und Aufbau des Inventars**

**1** A) Vermögen

I. Anlagevermögen

| | |
|---|---|
| 1. Gebäude | 135 000,00 EUR |
| 2. Fuhrpark | 30 000,00 EUR |
| 3. BGA lt. Verzeichnis | 12 850,00 EUR |

| | | |
|---|---|---|
| II. Umlaufvermögen | | |
| 1. Waren lt. Verzeichnis | | 55650,00 EUR |
| 2. Forderungen an Kunden | | |
| – D. Klug, Heidelberg | 1280,00 EUR | |
| – A. Lenz, Darmstadt | 3580,00 EUR | |
| – C. Unger, Mannheim | 850,00 EUR | 5710,00 EUR |
| 3. Bankguthaben | | 14600,00 EUR |
| 4. Kasse | | 4950,00 EUR |
| Summe des Vermögens | | 258760,00 EUR |
| B) Schulden | | |
| I. Langfristige Schulden | | |
| 1. Darlehen bei der Deutschen Bank, Nürnberg | | 62000,00 EUR |
| II. Kurzfristige Schulden | | |
| 1. Verbindlichkeiten | | |
| – J. Kajmer, Viernheim | 12350,00 EUR | |
| – Esen GmbH, Frankfurt | 18650,00 EUR | |
| – Schneider & Co., Saarbrücken | 8200,00 EUR | 39200,00 EUR |
| Summe der Schulden | | 101200,00 EUR |
| C) Reinvermögen = Eigenkapital | | |
| Summe des Vermögens | | 258760,00 EUR |
| – Summe der Schulden | | 101200,00 EUR |
| Reinvermögen | | 157560,00 EUR |

**2**

| | | |
|---|---|---|
| A) Vermögen | | |
| I. Anlagevermögen | | |
| 1. Gebäude | | 590000,00 EUR |
| 2. Fuhrpark lt. Verzeichnis | | 62000,00 EUR |
| 3. BGA lt. Verzeichnis | | 156000,00 EUR |
| II. Umlaufvermögen | | |
| 1. Waren lt. Verzeichnis | | 387300,00 EUR |
| 2. Forderungen lt. Verzeichnis | | 33000,00 EUR |
| 3. Bankguthaben | | 130000,00 EUR |
| 4. Kasse | | 6780,00 EUR |
| Summe des Vermögens | | 1365080,00 EUR |
| B) Schulden | | |
| I. Langfristige Schulden | | |
| 1. Hypothek bei der Handelsbank, Berlin | | 390000,00 EUR |
| II. Kurzfristige Schulden | | |
| 1. Verbindlichkeiten | | |
| – Maschinenfabrik, Leipzig | 82350,00 EUR | |
| – Werkzeugbau AG, Hamburg | 135800,00 EUR | 218150,00 EUR |
| Summe der Schulden | | 608150,00 EUR |
| C) Reinvermögen = Eigenkapital | | |
| Summe des Vermögens | | 1365080,00 EUR |
| – Summe der Schulden | | 608150,00 EUR |
| Reinvermögen | | 756930,00 EUR |

**3** Auszug aus den Vermögenswerten des Anlagevermögens der Peter Zöphel Eiltransporte GmbH

| Anlagegüter | | Stück-zahl | Einzelpreis in EUR | Gesamtpreis in EUR | prozentualer Anteil je Anlagegruppe |
|---|---|---|---|---|---|
| **Fuhrpark** | Lkw – 18-t | 2 | 175 000,00 | 350 000,00 | |
| | Lkw – 3-t | 1 | 35 000,00 | 35 000,00 | |
| | Pkw-Kombi | 2 | 32 500,00 | 65 000,00 | |
| | Pkw-Limousine | 1 | 42 000,00 | 42 000,00 | |
| | **1. Zwischensumme** | | | 492 000,00 | 87,77 |
| **Büromöbel** | Büroschränke | 12 | 2 800,00 | 33 600,00 | |
| | Schreibtische | 4 | 1 600,00 | 6 400,00 | |
| | Bürostühle | 6 | 525,00 | 3 150,00 | |
| | **2. Zwischensumme** | | | 43 150,00 | 7,70 |
| **Büro-maschinen** | PC | 4 | 3 700,00 | 14 800,00 | |
| | Laptop | 2 | 3 200,00 | 6 400,00 | |
| | Drucker | 2 | 1 200,00 | 2 400,00 | |
| | Faxgerät | 1 | 420,00 | 420,00 | |
| | Handy | 5 | 275,00 | 1 375,00 | |
| | **3. Zwischensumme** | | | 25 395,00 | 4,53 |
| | **Gesamtsumme** | | | **560 545,00** | **100 %** |

**Prozentualer Anteil der einzelnen Anlagegruppen am Anlagevermögen**

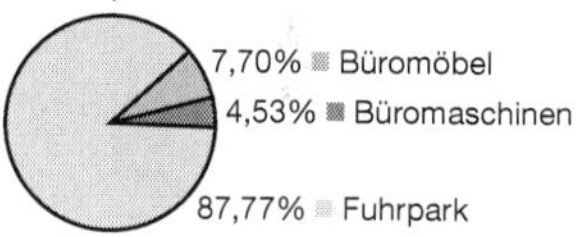


**Erfolgsermittlung durch Kapitalvergleich**

**1**

| | a) **Eigenkapital** | b) **Eigenkapital** |
|---|---|---|
| Jahresanfang | 2 800 000,00 EUR | 2 800 000,00 EUR |
| + Gewinn/− Verlust | + 180 000,00 EUR | − 75 000,00 EUR |
| Jahresende | 2 980 000,00 EUR | 2 725 000,00 EUR |

**2 Reinvermögen lt. Inventur**

| | | |
|---|---|---|
| Vorjahr | 485 000,00 EUR | |
| Berichtsjahr | 511 000,00 EUR | (538 000 EUR − 27 000 EUR) |
| Erfolg = Gewinn | 26 000,00 EUR | |

## 1.2.3 Bilanz

**Lösung zu Handlungsaufträgen:**

1. Das umfangreiche Zahlenmaterial des Inventars wird in einzelne Positionen (z. B. Fuhrpark) zusammengefasst und somit übersichtlicher und leichter verständlich dargestellt.
2. siehe Musterlösung auf Seite 22 *Betriebliche Wertprozesse*

**1** A) Vermögen

| | | |
|---|---|---|
| I. Anlagevermögen | | |
| 1. Grundstücke und Gebäude | | 850 000,00 |
| 2. Fuhrpark | | |
| – VW Transporter | 12 000,00 | |
| – Pkw | 17 500,00 | 29 500,00 |
| 3. BGA lt. Verzeichnis | | 58 200,00 |
| II. Umlaufvermögen | | |
| 1. Waren laut Verzeichnis | | 124 500,00 |
| 2. Forderungen | | |
| – U. Leuck, Heidelberg | 8 500,00 | |
| – C. Unger, Viernheim | 1 350,00 | |
| – G. Lehmann, Mannheim | 12 200,00 | 22 050,00 |

| | | |
|---|---|---|
| 3. Bankguthaben | | |
| – Deutsche Bank | 35 200,00 | |
| – Sparkasse | 22 050,00 | 57 250,00 |
| 4. Kasse | | 8 500,00 |
| Summe des Vermögens | | 1 150 000,00 |
| B) Schulden | | |
| I. Langfristige Schulden | | |
| 1. Hypothekenschulden | | 620 000,00 |
| II. Kurzfristige Schulden | | |
| 1. Verbindlichkeiten | | |
| – F. Esen, Ludwigshafen | 51 700,00 | |
| – B. Weber, Karlsruhe | 19 300,00 | |
| – F. Münster, Worms | 36 200,00 | 107 200,00 |
| Summe des Vermögens | | 727 200,00 |
| C) Reinvermögen = Eigenkapital | | |
| Summe des Vermögens | | 1 150 000,00 |
| – Summe der Schulden | | 727 200,00 |
| Reinvermögen | | 422 800,00 |

A Eröffnungsbilanz P

| A | | P | |
|---|---|---|---|
| Grundstücke und Gebäude | 850 000,00 | Eigenkapital | 422 800,00 |
| Fuhrpark | 29 500,00 | Hypothekenschulden | 620 000,00 |
| BGA | 58 200,00 | Verbindlichkeiten | 107 200,00 |
| Waren | 124 500,00 | | |
| Forderungen | 22 050,00 | | |
| Bank | 57 250,00 | | |
| Kasse | 8 500,00 | | |
| | 1 15000,00 | | 1 15000,00 |

## 1.2.4 Zusammenhang: Inventur, Inventar und Bilanz

**Lösung zu Handlungsaufträgen:**

1. Inventur ⟶ Inventar ⟶ Bilanz

| Inventur | Inventar | Bilanz |
|---|---|---|
| = Bestandsaufnahme aller Vermögenswerte und Schulden | = **ausführliches** Bestandsverzeichnis aller Vermögenswerte und Schulden | = **kurz gefasste** Darstellung aller Vermögenswerte und Schulden |

2. **Gemeinsamkeiten:** Inventar – Bilanz
   - Beide zeigen den Stand des Vermögens und des Kapitals einer Unternehmung.
   - Beide sind vom Inhaber zu unterschreiben und zehn Jahre aufzubewahren.
   - Beide sind bei der Gründung sowie regelmäßig zum Schluss eines jeden Geschäftsjahres aufzustellen.

   **Unterschiede:** Inventar – Bilanz
   - Das Inventar ist ausführlich aber unübersichtlich, während die Bilanz kurz gefasst und übersichtlich aufgebaut ist.
   - Das Inventar wird in Staffelform, die Bilanz in Kontenform dargestellt.
   - Beim Inventar erfolgt die Angabe von Mengen, Einzelpreisen und Gesamtpreisen, während bei der Bilanz lediglich die Gesamtpreise angegeben werden.

# 2 Buchen auf Bestandskonten

## 2.1 Wertveränderungen in der Bilanz

**Lösung zu Handlungsaufträgen:** S. 29

Geschäftsvorfälle können sich in vierfacher Weise auf die Bilanz auswirken:

1. Aktivtausch = Bilanzsumme bleibt in ihrer Höhe erhalten; es kommt lediglich zu einer Umschichtung innerhalb der Aktivseite der Bilanz.
2. Passivtausch = Bilanzsumme bleibt in ihrer Höhe erhalten; es kommt lediglich zu einer Umschichtung innerhalb der Passivseite der Bilanz.
3. Aktiv-Passivmehrung = Bilanzsumme wird erhöht; es kommt sowohl zu einer Erhöhung auf der Aktivseite als auch zu einer Erhöhung auf der Passivseite der Bilanz.
4. Aktiv-Passivminderung = Bilanzsumme wird verringert; es kommt sowohl zu einer Verringerung auf der Aktivseite als auch zu einer Verringerung auf der Passivseite der Bilanz.

**1** (1) a) BGA, Verbindlichkeiten
b) Aktiv- u. Passivseite
c) Bilanzverlängerung
d) Aktiv-Passivmehrung

(2) a) Verbindlichkeiten, Bank
b) Aktiv- u. Passivseite
c) Bilanzverkürzung
d) Aktiv-Passivminderung

(3) a) Forderungen/Bank
b) Aktivseite
c) keine Auswirkung
d) Aktivtausch

(4) a) Waren, Kasse
b) Aktivseite
c) keine Auswirkung
d) Aktivtausch

(5) a) Kasse, Fuhrpark
b) Aktivseite
c) keine Auswirkung
d) Aktivtausch

(6) a) Verbindlichkeiten, Darlehen
b) Passivseite
c) keine Auswirkung
d) Passivtausch

(7) a) Verbindlichkeiten, Waren
b) Aktiv- u. Passivseite
c) Bilanzverlängerung
d) Aktiv-Passivmehrung

(8) a) Darlehen, Bank
b) Aktiv- u. Passivseite
c) Bilanzverkürzung
d) Aktiv-Passivminderung

## 2.2 Die Auflösung der Bilanz in Konten

**Lösung zu Handlungsaufträgen:**
Laufende Bestandsverbuchungen von Geschäftsvorfällen lassen sich ohne ständige Veränderungen auf der Bilanz nur vornehmen, wenn für die einzelnen Bestandskonten jeweils eigene Konten eröffnet werden, auf die anschließend die Zu- und Abgänge verbucht werden.

## 2.3 Buchen auf Aktiv- und Passivkonten

**Lösung zu Handlungsaufträgen:**
1. Die Mehrungen (Zugänge) stehen immer auf der Seite der Anfangsbestände, weil sie diese Bestände vergrößern.
2. Die Minderungen (Abgänge) stehen immer auf der entgegengesetzten Seite.

## 2.4 Der Buchungssatz

**Lösung zu Handlungsaufträgen:**
Jeder Geschäftsvorfall löst vor der Verbuchung folgende Überlegungen aus:
- Welche Konten werden durch den Geschäftsvorfall angesprochen?
- Handelt es sich dabei um Aktiv- oder Passivkonten?
- Liegt auf den einzelnen Konten ein Zu- oder ein Abgang vor?
- Auf welchen Kontenseiten ist demnach zu buchen?
- Wie lautet der Buchungssatz?

### 2.4.1 Der einfache Buchungssatz

**1**

| Nr. | Konten | Soll | Haben |
|---|---|---|---|
| 1. | Bank | 2000,00 | |
| | an Kasse | | 2000,00 |
| 2. | Verbindlichkeiten | 18000,00 | |
| | an Bank | | 18000,00 |
| 3. | Verbindlichkeiten | 16890,00 | |
| | an Kasse | | 16890,00 |

**2**

| Nr. | Konten | Soll | Haben |
|---|---|---|---|
| 1. | Bank | 8000,00 | |
| | an Waren | | 8000,00 |
| 2. | Waren | 15000,00 | |
| | an Verbindlichkeiten | | 15000,00 |
| 3. | BGA | 1200,00 | |
| | an Verbindlichkeiten | | 1200,00 |
| 4. | Kasse | 800,00 | |
| | an Forderungen | | 800,00 |
| 5. | Bank | 25000,00 | |
| | an Darlehen | | 25000,00 |
| 6. | Kasse | 2500,00 | |
| | an Bank | | 2500,00 |

**2**

| Nr. | Konten | Soll | Haben |
|---|---|---|---|
| 7. | Verbindlichkeiten | 3900,00 | |
| | an Kasse | | 3900,00 |
| 8. | Bank | 5000,00 | |
| | an Kasse | | 5000,00 |
| 9. | Verbindlichkeiten | 8000,00 | |
| | an Darlehen | | 8000,00 |
| 10. | Darlehen | 2000,00 | |
| | an Kasse | | 2000,00 |

**3**

| Nr. | Konten | Soll | Haben |
|---|---|---|---|
| 1. | Waren | 1000,00 | |
| | an Kasse | | 1000,00 |
| 2. | Bank | 1800,00 | |
| | an Forderungen | | 1800,00 |
| 3. | BGA | 6300,00 | |
| | an Verbindlichkeiten | | 6300,00 |
| 4. | Forderungen | 750,00 | |
| | an Waren | | 750,00 |
| 5. | Bank | 12000,00 | |
| | an Fuhrpark | | 12000,00 |
| 6. | Verbindlichkeiten | 4200,00 | |
| | an Bank | | 4200,00 |
| 7. | Grundstücke | 35000,00 | |
| | an Bank | | 35000,00 |
| 8. | Bank | 3000,00 | |
| | an Postbank | | 3000,00 |

## 2.4.2 Der zusammengesetzte Buchungssatz

**1**

| Nr. | Konten | Soll | Haben |
|---|---|---|---|
| 1. | Verbindlichkeiten | 24000,00 | |
| | an Bank | | 16000,00 |
| | Postbank | | 5000,00 |
| | Kasse | | 3000,00 |
| 2. | Bank | 10000,00 | |
| | Postbank | 2800,00 | |
| | an Forderungen | | 12800,00 |
| 3. | Waren | 25500,00 | |
| | an Bank | | 5500,00 |
| | Verbindlichkeiten | | 20000,00 |
| 4. | Kasse | 900,00 | |
| | Forderungen | 2000,00 | |
| | an BGA | | 2900,00 |
| 5. | Fuhrpark | 45000,00 | |
| | an Kasse | | 5000,00 |
| | Bank | | 20000,00 |
| | Postbank | | 10000,00 |
| | Verbindlichkeiten | | 10000,00 |

**2**

| Nr. | Konten | Soll | Haben |
|---|---|---|---|
| 1. | Darlehen | 30 000,00 | |
| | an Kasse | | 12 000,00 |
| | Bank | | 18 000,00 |
| 2. | Bank | 3 000,00 | |
| | Postbank | 2 800,00 | |
| | an Kasse | | 5 800,00 |
| 3. | Maschinen | 17 000,00 | |
| | an Kasse | | 5 000,00 |
| | Bank | | 8 000,00 |
| | Postbank | | 4 000,00 |

**3**

1. Wir verkaufen einen Pkw über 28 500,00 EUR
   gegen: – Bankscheck 20 000,00
   – Postbankscheck 5 000,00
   – Barzahlung 3 500,00
2. Wir kaufen Waren über 17 500,00 EUR
   gegen: – Bankscheck 10 000,00
   – auf Ziel 7 500,00
3. Wir begleichen die Rechnung eines Lieferers über 7 500,00 EUR
   durch: – Barzahlung 2 500,00
   – Bankscheck 5 000,00
4. Wir kaufen ein Grundstück über 80 000,00 EUR
   durch: – Aufnahme einer Hypothek über 50 000,00
   – Bankscheck 25 000,00
   – Barzahlung 5 000,00
5. Wir heben von unserem Bankkonto 10 000,00 EUR bar ab.
6. Wir tilgen eine Hypothekenschuld über 20 000,00 EUR durch Banküberweisung.
7. Verkauf eines Grundstücks über 210 000,00 EUR
   gegen: – Banküberweisung 40 000,00
   – Rest auf Ziel 170 000,00

**4**

| Nr. | Konto | Soll | Haben |
|---|---|---|---|
| 1. | Waren | 500,00 | |
| | an Verbindlichkeiten | | 500,00 |
| 2. | Kasse | 800,00 | |
| | Postbank | 1 200,00 | |
| | Bank | 4 000,00 | |
| | Forderungen | 5 000,00 | |
| | an Fuhrpark | | 11 000,00 |
| 3. | Verbindlichkeiten | 1 300,00 | |
| | an Kasse | | 1 300,00 |
| 4. | Kasse | 400,00 | |
| | an Forderungen | | 400,00 |
| 5. | Kasse | 20 000,00 | |
| | an Darlehen | | 20 000,00 |
| 6. | Waren | 6 000,00 | |
| | an Verbindlichkeiten | | 6 000,00 |

**4**

| Nr. | Konto | Soll | Haben |
|---|---|---|---|
| 7. | Kasse | 3500,00 | |
| | an Bank | | 3500,00 |
| 8. | BGA | 4300,00 | |
| | an Verbindlichkeiten | | 4300,00 |
| 9. | Verbindlichkeiten | 2300,00 | |
| | an Kasse | | 300,00 |
| | Postbank | | 2000,00 |
| 10. | Bank | 2700,00 | |
| | an Kasse | | 2700,00 |
| 11. | Transporteinrichtungen | 39500,00 | |
| | an Verbindlichkeiten | | 39500,00 |
| 12. | Verbindlichkeiten | 8000,00 | |
| | an Darlehen | | 8000,00 |

**5**

| Nr. | Konto | Soll | Haben |
|---|---|---|---|
| 1. | Verbindlichkeiten | 8000,00 | |
| | an Bank | | 8000,00 |
| 2. | Forderungen | 3500,00 | |
| | an Waren | | 3500,00 |
| 3. | Grundstücke | 200000,00 | |
| | an Bank | | 42000,00 |
| | Postbank | | 27000,00 |
| | Verbindlichkeiten | | 131000,00 |
| 4. | Kasse | 1200,00 | |
| | an BGA | | 1200,00 |
| 5. | Bank | 2800,00 | |
| | an Forderungen | | 2800,00 |
| 6. | Waren | 5700,00 | |
| | an Kasse | | 5700,00 |
| 7. | Bank | 8200,00 | |
| | an Kasse | | 8200,00 |
| 8. | Darlehen | 25000,00 | |
| | an Bank | | 25000,00 |
| 9. | Maschinen | 12800,00 | |
| | an Verbindlichkeiten | | 12800,00 |
| 10. | Fuhrpark | 30000,00 | |
| | an Kasse | | 5000,00 |
| | Bank | | 13000,00 |
| | Postbank | | 12000,00 |

## 2.5 Der Abschluss der Bestandskonten

**Lösung zu Handlungsaufträgen:**

1. Anfangsbestand
   \+ Zugänge
   − Abgänge
   ―――――――――
   Schlussbestand
2. – Aufstellen der Eröffnungsbilanz aufgrund der Inventarwerte
   – Eröffnung der Aktiv- und Passivkonten aus der Bilanz

- Übertragung der Buchungssätze des Grundbuches auf das Hauptbuch
- Ermittlung der Salden (Schlussbestände/Endbestände) und Abschluss der Bestandskonten über die Schlussbilanz

3. siehe Musterlösung Seite 42 *Betriebliche Wertprozesse*

## 1 Geschäftsvorfälle

| Nr. | Konto | Soll | Haben |
|---|---|---|---|
| 1. | Kasse | 580,00 | |
| | an Forderungen | | 580,00 |
| 2. | Waren | 7500,00 | |
| | an Verbindlichkeiten | | 7500,00 |
| 3. | Verbindlichkeiten | 4900,00 | |
| | an Bank | | 4900,00 |
| 4. | Darlehen | 2000,00 | |
| | an Bank | | 2000,00 |
| 5. | Bank | 3500,00 | |
| | an Kasse | | 3500,00 |

**Abschlussbuchungen**

I. Schlussbilanz
an Aktivkonten

II. Passivkonten
an Schlussbilanz

**T-Kontenabschluss**

A Eröffnungsbilanz P

| | | | |
|---|---|---|---|
| BGA | 30000,00 | Eigenkapital | 62760,00 |
| Waren | 32000,00 | Darlehen | 4000,00 |
| Forderungen | 3200,00 | Verbindlichkeiten | 12500,00 |
| Bank | 8460,00 | | |
| Kasse | 5600,00 | | |
| | 79260,00 | | 79260,00 |

S BGA H

| | | | |
|---|---|---|---|
| AB | 30000,00 | EB | 30000,00 |

S Eigenkapital H

| | | | |
|---|---|---|---|
| EB | 62760,00 | AB | 62760,00 |

S Waren H

| | | | |
|---|---|---|---|
| AB | 32000,00 | EB | 39500,00 |
| (2) | 7500,00 | | |
| | 39500,00 | | 39500,00 |

S Darlehen H

| | | | |
|---|---|---|---|
| (4) | 2000,00 | AB | 4000,00 |
| EB | 2000,00 | | |
| | 4000,00 | | 4000,00 |

S Forderungen H

| | | | |
|---|---|---|---|
| AB | 3200,00 | (1) | 580,00 |
| | | EB | 2620,00 |
| | 3200,00 | | 3200,00 |

S Verbindlichkeiten H

| | | | |
|---|---|---|---|
| (3) | 4900,00 | AB | 12500,00 |
| EB | 15100,00 | (2) | 7500,00 |
| | 20000,00 | | 20000,00 |

| S | Bank | | H |
|---|---|---|---|
| AB | 8 460,00 | (3) | 4 900,00 |
| (5) | 3 500,00 | (4) | 2 000,00 |
| | | EB | 5 060,00 |
| | 11 960,00 | | 11 960,00 |

| S | Kasse | | H |
|---|---|---|---|
| AB | 5 600,00 | (5) | 3 500,00 |
| (1) | 580,00 | EB | 2 680,00 |
| | 6 180,00 | | 6 180,00 |

| A | Schlussbilanz | | P |
|---|---|---|---|
| BGA | 30 000,00 | Eigenkapital | 62 760,00 |
| Waren | 39 500,00 | Darlehen | 2 000,00 |
| Forderungen | 2 620,00 | Verbindlichkeiten | 15 100,00 |
| Bank | 5 060,00 | | |
| Kasse | 2 680,00 | | |
| | 79 860,00 | | 79 860,00 |

## 2 Geschäftsvorfälle

| Nr. | Konto | Soll | Haben |
|---|---|---|---|
| 1. | Verbindlichkeiten | 22 300,00 | |
| | an Bank | | 22 300,00 |
| 2. | BGA | 7 200,00 | |
| | an Verbindlichkeiten | | 7 200,00 |
| 3. | Waren | 12 300,00 | |
| | an Kasse | | 12 300,00 |
| 4. | Bank | 80 000,00 | |
| | an Hypothekenschuld | | 80 000,00 |
| 5. | Bank | 13 400,00 | |
| | an Fuhrpark | | 13 400,00 |
| 6. | Kasse | 8 000,00 | |
| | an Bank | | 8 000,00 |
| 7. | Bank | 17 200,00 | |
| | an Forderungen | | 17 200,00 |

**Abschlussbuchungen**

I. Schlussbilanz
   an Aktivkonten
II. Passivkonten
   an Schlussbilanz

**T-Kontenabschluss**

| A | Eröffnungsbilanz | | P |
|---|---|---|---|
| Gebäude | 520 000,00 | Eigenkapital | 691 000,00 |
| Fuhrpark | 85 000,00 | Hypothekenschulden | 320 000,00 |
| BGA | 125 000,00 | Verbindlichkeiten | 117 000,00 |
| Waren | 275 000,00 | | |
| Forderungen | 62 000,00 | | |
| Bank | 43 200,00 | | |
| Kasse | 17 800,00 | | |
| | 1 128 000,00 | | 1 128 000,00 |

| S | Gebäude | | H |
|---|---|---|---|
| AB | 520 000,00 | EB | 520 000,00 |

| S | Eigenkapital | | H |
|---|---|---|---|
| EB | 691 000,00 | AB | 691 000,00 |

| S | Fuhrpark | | H |
|---|---|---|---|
| AB | 85 000,00 | (5) | 13 400,00 |
| | | EB | 71 600,00 |
| | 85 000,00 | | 85 000,00 |

| S | Hypothekenschuld | | H |
|---|---|---|---|
| EB | 400 000,00 | AB | 320 000,00 |
| | | (4) | 80 000,00 |
| | 400 000,00 | | 400 000,00 |

| S | BGA | | H |
|---|---|---|---|
| AB | 125 000,00 | EB | 132 200,00 |
| (2) | 7 200,00 | | |
| | 132 200,00 | | 132 200,00 |

| S | Verbindlichkeiten | | H |
|---|---|---|---|
| (1) | 22 300,00 | AB | 117 000,00 |
| EB | 101 900,00 | (2) | 7 200,00 |
| | 124 200,00 | | 124 200,00 |

| S | Waren | | H |
|---|---|---|---|
| AB | 275 000,00 | EB | 287 300,00 |
| (3) | 12 300,00 | | |
| | 287 300,00 | | 287 300,00 |

| S | Forderungen | | H |
|---|---|---|---|
| AB | 62 000,00 | (7) | 17 200,00 |
| | | EB | 44 800,00 |
| | 62 000,00 | | 62 000,00 |

| S | Bank | | H |
|---|---|---|---|
| AB | 43 200,00 | (1) | 22 300,00 |
| (4) | 80 000,00 | (6) | 8 000,00 |
| (5) | 13 400,00 | EB | 123 500,00 |
| (7) | 17 200,00 | | |
| | 153 800,00 | | 153 800,00 |

| S | Kasse | | H |
|---|---|---|---|
| AB | 17 800,00 | (3) | 12 300,00 |
| (6) | 8 000,00 | EB | 13 500,00 |
| | 25 800,00 | | 25 800,00 |

| A | Schlussbilanz | | P |
|---|---|---|---|
| Gebäude | 520 000,00 | Eigenkapital | 691 000,00 |
| Fuhrpark | 71 600,00 | Hypothekenschulden | 400 000,00 |
| BGA | 132 200,00 | Verbindlichkeiten | 101 900,00 |
| Waren | 287 300,00 | | |
| Forderungen | 44 800,00 | | |
| Bank | 123 500,00 | | |
| Kasse | 13 500,00 | | |
| | 1 192 900,00 | | 1 192 900,00 |

## 3 Geschäftsvorfälle

| Nr. | Konto | Soll | Haben |
|---|---|---|---|
| 1. | Waren | 17 500,00 | |
| | an Verbindlichkeiten | | 17 500,00 |
| 2. | Bank | 6 200,00 | |
| | an Forderungen | | 6 200,00 |
| 3. | Hypothekenschulden | 25 000,00 | |
| | an Bank | | 25 000,00 |

| Nr. | Konto | Soll | Haben |
|---|---|---|---|
| 4. | Verbindlichkeiten | 5 100,00 | |
| | an Bank | | 5 100,00 |
| 5. | Bank | 8 000,00 | |
| | an Kasse | | 8 000,00 |
| 6. | Kasse | 2 500,00 | |
| | an BGA | | 2 500,00 |
| 7. | BGA | 1 300,00 | |
| | an Kasse | | 1 300,00 |
| 8. | Verbindlichkeiten | 1 200,00 | |
| | an Bank | | 1 200,00 |

**Abschlussbuchungen**

I. Schlussbilanz
an Aktivkonten

II. Passivkonten
an Schlussbilanz

**T-Kontenabschluss**

| A | Eröffnungsbilanz | | P |
|---|---|---|---|
| Gebäude | 485 000,00 | Eigenkapital | 645 300,00 |
| BGA | 193 000,00 | Hypothekenschulden | 200 000,00 |
| Waren | 160 000,00 | Verbindlichkeiten | 92 400,00 |
| Forderungen | 53 500,00 | | |
| Bank | 33 500,00 | | |
| Kasse | 12 700,00 | | |
| | 937 700,00 | | 937 700,00 |

| S | Gebäude | | H |
|---|---|---|---|
| AB | 485 000,00 | EB | 485 000,00 |

| S | Eigenkapital | | H |
|---|---|---|---|
| EB | 645 300,00 | AB | 645 300,00 |

| S | BGA | | H |
|---|---|---|---|
| AB | 193 000,00 | (6) | 2 500,00 |
| (7) | 1 300,00 | EB | 191 800,00 |
| | 194 300,00 | | 194 300,00 |

| S | Hypothekenschuld | | H |
|---|---|---|---|
| (3) | 25 000,00 | AB | 200 000,00 |
| EB | 175 000,00 | | |
| | 200 000,00 | | 200 000,00 |

| S | Waren | | H |
|---|---|---|---|
| AB | 160 000,00 | EB | 177 500,00 |
| (1) | 17 500,00 | | |
| | 177 500,00 | | 177 500,00 |

| S | Verbindlichkeiten | | H |
|---|---|---|---|
| (4) | 5 100,00 | AB | 92 400,00 |
| (8) | 1 200,00 | (1) | 17 500,00 |
| EB | 103 600,00 | | |
| | 109 900,00 | | 109 900,00 |

| S | Forderungen | | H |
|---|---|---|---|
| AB | 53500,00 | (2) | 6200,00 |
| | | EB | 47300,00 |
| | 53500,00 | | 53500,00 |

| S | Bank | | H |
|---|---|---|---|
| AB | 33500,00 | (3) | 25000,00 |
| (2) | 6200,00 | (4) | 5100,00 |
| (5) | 8000,00 | (8) | 1200,00 |
| | | EB | 16400,00 |
| | 47700,00 | | 47700,00 |

| S | Kasse | | H |
|---|---|---|---|
| AB | 12700,00 | (5) | 8000,00 |
| (6) | 2500,00 | (7) | 1300,00 |
| | | EB | 5900,00 |
| | 15200,00 | | 15200,00 |

| A | Schlussbilanz | | P |
|---|---|---|---|
| Gebäude | 485000,00 | Eigenkapital | 645300,00 |
| BGA | 191800,00 | Hypothekenschulden | 175000,00 |
| Waren | 177500,00 | Verbindlichkeiten | 103600,00 |
| Forderungen | 47300,00 | | |
| Bank | 16400,00 | | |
| Kasse | 5900,00 | | |
| | 923900,00 | | 923900,00 |

# 3 Buchen auf Erfolgskonten

**Lösung zu Handlungsaufträgen:**

1. Aufwandskonten, z. B.:
   - Personalkosten
   - Mietaufwendungen
   - Steuern

   Ertragskonten, z. B.:
   - Umsatzerlöse
   - Mieterträge
   - Zinserträge
2. Aufwandskonten führen zu einer Eigenkapitalverminderung; Ertragskonten führen zu einer Eigenkapitalerhöhung.
3. Indem man den Erträgen die Aufwendungen gegenüberstellt. Sind die Erträge größer als die Aufwendungen, so liegt ein Gewinn vor; sind die Erträge kleiner als die Aufwendungen, so wurde ein Verlust erwirtschaftet.

## 3.1 Aufwands- und Ertragskonten

## 3.2 Erfolgskonten als Unterkonten des Kapitalkontos

**1**

| Nr. | Konto | Soll | Haben |
|---|---|---|---|
| 1. | BGA | 4 500,00 | |
| | an Kasse | | 4 500,00 |
| 2. | Bank | 20 000,00 | |
| | an Darlehen | | 20 000,00 |
| 3. | Bank | 450,00 | |
| | an Zinserträge | | 450,00 |
| 4. | Gehälter | 12 480,00 | |
| | an Kasse | | 12 480,00 |
| 5. | Steuern | 4 900,00 | |
| | an Bank | | 4 900,00 |
| 6. | Forderungen | 22 350,00 | |
| | an Fuhrpark | | 22 350,00 |
| 7. | Verbindlichkeiten | 2 840,00 | |
| | an Bank | | 2 840,00 |
| 8. | Kasse | 2 900,00 | |
| | an Mieterträge | | 2 900,00 |
| 9. | Bank | 6 700,00 | |
| | an Forderungen | | 6 700,00 |
| 10. | Postgebühren | 360,00 | |
| | an Postbank | | 360,00 |
| 11. | Zinsaufwand | 1 800,00 | |
| | an Bank | | 1 800,00 |
| 12. | Bank | 9 000,00 | |
| | an Kasse | | 9 000,00 |

## 3.3 Abschluss der Erfolgskonten

**1**

| Abschluss über | Schlussbilanz | GuV |
|---|---|---|
| Bank | × | |
| Mieterträge | | × |
| Waren | × | |
| Steuern | | × |
| Darlehen | × | |
| Eigenkapital | × | |

**1**

| Abschluss über | Schlussbilanz | GuV |
|---|---|---|
| unbebaute Grundstücke | × | |
| Maschinen | × | |
| Forderungen | × | |
| Verbindlichkeiten | × | |
| Löhne | | × |
| Mietaufwand | | × |
| Energiekosten | | × |
| Postbank | × | |
| Werbeaufwand | | × |
| Provisionserträge | | × |

**2**

| Nr. | Konto | Soll | Haben |
|---|---|---|---|
| 1. | Kasse | 4 800,00 | |
| | an Mieterträge | | 4 800,00 |
| 2. | Zinsaufwand | 1 800,00 | |
| | an Bank | | 1 800,00 |
| 3. | Gehälter | 3 950,00 | |
| | an Kasse | | 3 950,00 |
| 4. | Bank | 750,00 | |
| | an Provisionserträge | | 750,00 |
| 5. | Postgebühren | 375,00 | |
| | an Postbank | | 375,00 |

**3**

| Nr. | Konto | Soll | Haben |
|---|---|---|---|
| 1. | Büromaterial | 450,00 | |
| | an Kasse | | 450,00 |
| 2. | Forderungen | 2 300,00 | |
| | an Waren | | 2 300,00 |
| 3. | BGA | 1 800,00 | |
| | an Verbindlichkeiten | | 1 800,00 |
| 4. | Energiekosten | 580,00 | |
| | an Postbank | | 580,00 |
| 5. | Postbank | 880,00 | |
| | an Forderungen | | 880,00 |
| 6. | Bank | 2 100,00 | |
| | an Zinserträge | | 2 100,00 |
| 7. | Löhne | 2 950,00 | |
| | an Kasse | | 2 950,00 |
| 8. | Mietaufwand | 3 200,00 | |
| | an Bank | | 3 200,00 |
| 9. | Waren | 5 200,00 | |
| | an Verbindlichkeiten | | 5 200,00 |
| 10. | Verbindlichkeiten | 1 900,00 | |
| | an Bank | | 1 900,00 |
| 11. | Zinsaufwand | 1 400,00 | |
| | an Bank | | 1 400,00 |
| 12. | Kfz-Steuer | 770,00 | |
| | an Bank | | 770,00 |

# 4 Der Abschluss der Bestands- und Erfolgskonten

**Lösung zu Handlungsaufträgen:**
Als Vorgehensweise für einen Abschluss bieten sich folgende Schritte an:
- Verbuchung der Geschäftsvorfälle im Grundbuch
- Erstellung der Eröffnungsbilanz aufgrund der Schlussbilanz des Vorjahres
- Eröffnung der Bestandskonten aus der Bilanz
- Einrichtung der erforderlichen Erfolgskonten
- Abschluss der Erfolgskonten über die GuV
- Abschluss der GuV über das Konto Eigenkapital
- Abschluss der Bestandskonten über die Schlussbilanz

**1 Geschäftsvorfälle**

| Nr. | Konto | Soll | Haben |
|---|---|---|---|
| 1. | Waren | 5000,00 | |
| | an Verbindlichkeiten | | 5000,00 |
| 2. | Mietaufwand | 3500,00 | |
| | an Kasse | | 3500,00 |
| 3. | Bank | 2800,00 | |
| | an Forderungen | | 2800,00 |
| 4. | Bank | 8700,00 | |
| | an Provisionserträge | | 8700,00 |
| 5. | Löhne | 3000,00 | |
| | an Kasse | | 3000,00 |

**Abschlussbuchungen**

I. GuV
an Aufwandskonten
II. Ertragskonten
an GuV
III. GuV (Gewinn)
an Eigenkapital
IV. Schlussbilanz
an Aktivkonten
V. Passivkonten
an Schlussbilanz

**T-Kontenabschluss**

| A | Eröffnungsbilanz | | P |
|---|---|---|---|
| BGA | 20000,00 | Eigenkapital | 27000,00 |
| Waren | 30000,00 | Darlehen | 35000,00 |
| Forderungen | 15000,00 | Verbindlichkeiten | 18000,00 |
| Bank | 8000,00 | | |
| Kasse | 7000,00 | | |
| | 80000,00 | | 80000,00 |

| S | BGA | | H |
|---|---|---|---|
| AB | 20000,00 | EB | 20000,00 |

| S | Eigenkapital | | H |
|---|---|---|---|
| EB | 29200,00 | AB | 27000,00 |
| | | **Gewinn** | **2200,00** |
| | 29200,00 | | 29200,00 |

| S | Waren | | H |
|---|---|---|---|
| AB | 30 000,00 | EB | 35 000,00 |
| (1) | 5 000,00 | | |
| | 35 000,00 | | 35 000,00 |

| S | Darlehen | | H |
|---|---|---|---|
| EB | 35 000,00 | AB | 35 000,00 |

| S | Forderungen | | H |
|---|---|---|---|
| AB | 15 000,00 | (3) | 2 800,00 |
| | | EB | 12 200,00 |
| | 15 000,00 | | 15 000,00 |

| S | Verbindlichkeiten | | H |
|---|---|---|---|
| EB | 23 000,00 | AB | 18 000,00 |
| | | (1) | 5 000,00 |
| | 23 000,00 | | 23 000,00 |

| S | Bank | | H |
|---|---|---|---|
| AB | 8 000,00 | EB | 19 500,00 |
| (3) | 2 800,00 | | |
| (4) | 8 700,00 | | |
| | 19 500,00 | | 19 500,00 |

| S | Kasse | | H |
|---|---|---|---|
| AB | 7 000,00 | (2) | 3 500,00 |
| | | (5) | 3 000,00 |
| | | EB | 500,00 |
| | 7 000,00 | | 7 000,00 |

| S | Mietaufwand | | H |
|---|---|---|---|
| (2) | 3 500,00 | GuV | 3 500,00 |

| S | Provisionserträge | | H |
|---|---|---|---|
| GuV | 8 700,00 | (4) | 8 700,00 |

| S | Löhne | | H |
|---|---|---|---|
| (5) | 3 000,00 | GuV | 3 000,00 |

| A | GuV | | E |
|---|---|---|---|
| Mietaufwand | 3 500,00 | Provisionserträge | 8 700,00 |
| Löhne | 3 000,00 | | |
| **Gewinn (EK)** | **2 200,00** | | |
| | 8 700,00 | | 8 700,00 |

| A | Schlussbilanz | | P |
|---|---|---|---|
| BGA | 20 000,00 | Eigenkapital | 29 200,00 |
| Waren | 35 000,00 | Darlehen | 35 000,00 |
| Forderungen | 12 200,00 | Verbindlichkeiten | 23 000,00 |
| Bank | 19 500,00 | | |
| Kasse | 500,00 | | |
| | 87 200,00 | | 87 200,00 |

## 2 Geschäftsvorfälle

| Nr. | Konto | Soll | Haben |
|---|---|---|---|
| 1. | Fuhrpark | 45 000,00 | |
| | an Kasse | | 5 000,00 |
| | Verbindlichkeiten | | 40 000,00 |
| 2. | Verbindlichkeiten | 6 500,00 | |
| | an Bank | | 6 500,00 |
| 3. | Bank | 2 800,00 | |

| Nr. | Konto | Soll | Haben |
|---|---|---|---|
| | an Zinserträge | | 2800,00 |
| 4. | Waren | 6700,00 | |
| | an Bank | | 6700,00 |
| 5. | Kasse | 7900,00 | |
| | an Mieterträge | | 7900,00 |
| 6. | BGA | 6000,00 | |
| | an Kasse | | 6000,00 |
| 7. | sonstige Aufwendungen für Kommunikation | 380,00 | |
| | an Bank | | 380,00 |
| 8. | Löhne | 8900,00 | |
| | an Bank | | 8900,00 |

**Abschlussbuchungen**

I. GuV
an Aufwandskonten

II. Ertragskonten
an GuV

III. GuV (Gewinn)
an Eigenkapital

IV. Schlussbilanz
an Aktivkonten

V. Passivkonten
an Schlussbilanz

**T-Kontenabschluss**

| A | Eröffnungsbilanz | | P |
|---|---|---|---|
| Fuhrpark | 135000,00 | Eigenkapital | 247000,00 |
| BGA | 75000,00 | Darlehen | 100000,00 |
| Waren | 80000,00 | Verbindlichkeiten | 35000,00 |
| Forderungen | 20000,00 | | |
| Bank | 60000,00 | | |
| Kasse | 12000,00 | | |
| | 382000,00 | | 382000,00 |

| S | Fuhrpark | | H |
|---|---|---|---|
| AB | 135000,00 | EB | 180000,00 |
| (1) | 45000,00 | | |
| | 180000,00 | | 180000,00 |

| S | Eigenkapital | | H |
|---|---|---|---|
| EB | 248420,00 | AB | 247000,00 |
| | | **Gewinn** | **1420,00** |
| | 248420,00 | | 248420,00 |

| S | BGA | | H |
|---|---|---|---|
| AB | 75000,00 | EB | 81000,00 |
| (6) | 6000,00 | | |
| | 81000,00 | | 81000,00 |

| S | Darlehen | | H |
|---|---|---|---|
| EB | 100000,00 | AB | 100000,00 |

| S | Waren | | H |
|---|---|---|---|
| AB | 80000,00 | EB | 86700,00 |
| (4) | 6700,00 | | |
| | 86700,00 | | 86700,00 |

| S | Verbindlichkeiten | | H |
|---|---|---|---|
| (2) | 6500,00 | AB | 35000,00 |
| EB | 68500,00 | (1) | 40000,00 |
| | 75000,00 | | 75000,00 |

| S | Forderungen | | H |
|---|---|---|---|
| AB | 20000,00 | EB | 20000,00 |

| S | Bank | | H |
|---|---|---|---|
| AB | 60000,00 | (2) | 6500,00 |
| (3) | 2800,00 | (4) | 6700,00 |
| | | (7) | 380,00 |
| | | (8) | 8900,00 |
| | | EB | 40320,00 |
| | 62800,00 | | 62800,00 |

| S | Kasse | | H |
|---|---|---|---|
| AB | 12000,00 | (1) | 5000,00 |
| (5) | 7900,00 | (6) | 6000,00 |
| | | EB | 8900,00 |
| | 19900,00 | | 19900,00 |

| S | sonstige Aufwend. für Kommunikation | | H |
|---|---|---|---|
| (7) | 380,00 | GuV | 380,00 |

| S | Zinserträge | | H |
|---|---|---|---|
| GuV | 2800,00 | (3) | 2800,00 |

| S | Löhne | | H |
|---|---|---|---|
| (8) | 8900,00 | GuV | 8900,00 |

| S | Mieterträge | | H |
|---|---|---|---|
| GuV | 7900,00 | (5) | 7900,00 |

| A | GuV | | E |
|---|---|---|---|
| sonstige Aufwend. für Kommunikation | 380,00 | Zinserträge | 2800,00 |
| Löhne | 8900,00 | Mieterträge | 7900,00 |
| **Gewinn (EK)** | **1420,00** | | |
| | 10700,00 | | 10700,00 |

| A | Schlussbilanz | | P |
|---|---|---|---|
| Fuhrpark | 180000,00 | Eigenkapital | 248420,00 |
| BGA | 81000,00 | Darlehen | 100000,00 |
| Waren | 86700,00 | Verbindlichkeiten | 68500,00 |
| Forderungen | 20000,00 | | |
| Bank | 40320,00 | | |
| Kasse | 8900,00 | | |
| | 416920,00 | | 416920,00 |

## 3 Geschäftsvorfälle

| Nr. | Konto | Soll | Haben |
|---|---|---|---|
| 1. | BGA | 5800,00 | |
| | an Kasse | | 5800,00 |
| 2. | Kasse | 2950,00 | |
| | an Mieterträge | | 2950,00 |
| 3. | Zinsaufwand | 2300,00 | |
| | an Postbank | | 2300,00 |

| Nr. | Konto | Soll | Haben |
|---|---|---|---|
| 4. | Gehälter | 4800,00 | |
| | an Kasse | | 4800,00 |
| 5. | Verbindlichkeiten | 2500,00 | |
| | an Postbank | | 2500,00 |
| 6. | Postbank | 5200,00 | |
| | an Provisionserträge | | 5200,00 |

**Abschlussbuchungen**

I. GuV
 an Aufwandskonten
II. Ertragskonten
 an GuV
III. GuV (Gewinn)
 an Eigenkapital
IV. Schlussbilanz
 an Aktivkonten
V. Passivkonten
 an Schlussbilanz

**T-Kontenabschluss**

| A | Eröffnungsbilanz | | P |
|---|---|---|---|
| BGA | 125000,00 | Eigenkapital | 140000,00 |
| Postbank | 60000,00 | Darlehen | 45000,00 |
| Kasse | 13000,00 | Verbindlichkeiten | 13000,00 |
| | 198000,00 | | 198000,00 |

| S | BGA | | H |
|---|---|---|---|
| AB | 125000,00 | EB | 130800,00 |
| (1) | 5800,00 | | |
| | 130800,00 | | 130800,00 |

| S | Eigenkapital | | H |
|---|---|---|---|
| EB | 141050,00 | AB | 140000,00 |
| | | **Gewinn** | **1050,00** |
| | 141050,00 | | 141050,00 |

| S | Postbank | | H |
|---|---|---|---|
| AB | 60000,00 | (3) | 2300,00 |
| (6) | 5200,00 | (5) | 2500,00 |
| | | EB | 60400,00 |
| | 65200,00 | | 65200,00 |

| S | Darlehen | | H |
|---|---|---|---|
| EB | 45000,00 | AB | 45000,00 |

| S | Kasse | | H |
|---|---|---|---|
| AB | 13000,00 | (1) | 5800,00 |
| (2) | 2950,00 | (4) | 4800,00 |
| | | EB | 5350,00 |
| | 15950,00 | | 15950,00 |

| S | Verbindlichkeiten | | H |
|---|---|---|---|
| (5) | 2500,00 | AB | 13000,00 |
| EB | 10500,00 | | |
| | 13000,00 | | 13000,00 |

| S | Zinsaufwand | | H |
|---|---|---|---|
| (3) | 2300,00 | GuV | 2300,00 |

| S | Mieterträge | | H |
|---|---|---|---|
| GuV | 2950,00 | (2) | 2950,00 |

| S | Gehälter | | H |
|---|---|---|---|
| (4) | 4800,00 | GuV | 4800,00 |

| S | Provisionserträge | | H |
|---|---|---|---|
| GuV | 5200,00 | (6) | 5200,00 |

| A | GuV | | E |
|---|---|---|---|
| Zinsaufwand | 2300,00 | Mieterträge | 2950,00 |
| Gehälter | 4800,00 | Provisionserträge | 5200,00 |
| **Gewinn (EK)** | **1050,00** | | |
| | 8150,00 | | 8150,00 |

| A | Schlussbilanz | | P |
|---|---|---|---|
| BGA | 130800,00 | Eigenkapital | 141050,00 |
| Postbank | 60400,00 | Darlehen | 45000,00 |
| Kasse | 5350,00 | Verbindlichkeiten | 10500,00 |
| | 196550,00 | | 196550,00 |

# 5 Warenkonten

**Lösung zu Handlungsaufträgen:**

1. Laut GoB (Grundsatz der Klarheit und Übersichtlichkeit) kann ein Konto nicht zugleich Bestands- und Erfolgskonto sein. Um ein solchermaßen gemischtes Konto zu vermeiden, ergibt sich die Notwendigkeit, die Warenbewegungen auf getrennten Konten für den Wareneinkauf und den Warenverkauf zu verbuchen.
2. Das bestandsorientierte Verfahren der Warenverbuchung findet immer dann Anwendung, wenn die eingehende Ware gelagert und erst später weiterverarbeitet bzw. weiterverkauft wird. In diesem Falle erfolgt der Wareneinkauf direkt auf dem Konto ‚Waren'.
   Das verbrauchsorientierte Verfahren der Warenverbuchung findet immer dann Anwendung, wenn die eingehende Ware sofort verbraucht bzw. verkauft wird, was eine Lagerhaltung überflüssig macht. In diesem Falle erfolgt der Wareneinkauf direkt auf dem Konto ‚Aufwendungen für Waren'.
3. siehe Musteraufgabe S. 66 in *Betriebliche Wertprozesse*!

## 5.4 Beispiel eines Warenabschlusses, dargestellt anhand der bestandsorientierten Methode

**1**

| Nr. | Konto | Soll | Haben |
|---|---|---|---|
| 1. | Waren | 4 800,00 | |
| | an Verbindlichkeiten | | 4 800,00 |
| 2. | Kasse | 1 250,00 | |
| | an Umsatzerlöse | | 1 250,00 |
| 3. | Waren | 12 800,00 | |
| | an Bank | | 4 000,00 |
| | Postbank | | 2 800,00 |
| | Verbindlichkeiten | | 6 000,00 |
| 4. | Forderungen | 8 200,00 | |
| | an Umsatzerlöse | | 8 200,00 |

**2 Geschäftsvorfälle**

| Nr. | Konto | Soll | Haben |
|---|---|---|---|
| 1. | Waren | 190 000,00 | |
| | an Verbindlichkeiten | | 190 000,00 |
| 2. | Forderungen | 215 000,00 | |
| | an Umsatzerlöse | | 215 000,00 |
| 3. | Schlussbilanz | 225 000,00 | |
| | an Waren | | 225 000,00 |
| 4. | AfW | 195 000,00 | |
| | an Waren | | 195 000,00 |
| 5. | GuV | 195 000,00 | |
| | an AfW | | 195 000,00 |
| 6. | Umsatzerlöse | 215 000,00 | |
| | an GuV | | 215 000,00 |
| 7. | GuV (Rohgewinn) | 20 000,00 | |
| | an Eigenkapital | | 20 000,00 |

**T-Kontenabschluss**

| S | Waren | | H |
|---|---|---|---|
| AB | 230 000,00 | EB (3) | 225 000,00 |
| (1) | 190 000,00 | (4) | 195 000,00 |
| | 420 000,00 | | 420 000,00 |

| S | AfW | | H |
|---|---|---|---|
| (4) | 195 000,00 | (5) | 195 000,00 |

| S | Umsatzerlöse | | H |
|---|---|---|---|
| (6) | 215 000,00 | (2) | 215 000,00 |

| A | GuV | | E |
|---|---|---|---|
| AfW (5) | 195 000,00 | Umsatzerlöse (6) | 215 000,00 |
| Rohgewinn (7)/EK | 20 000,00 | | |
| | 215 000,00 | | 215 000,00 |

## 3 Geschäftsvorfälle

| Nr. | Konto | Soll | Haben |
|---|---|---|---|
| 1. | Waren | 8 900,00 | |
| | an Verbindlichkeiten | | 8 900,00 |
| 2. | Mietaufwand | 6 300,00 | |
| | an Kasse | | 6 300,00 |
| 3. | Darlehen | 15 000,00 | |
| | an Bank | | 15 000,00 |
| 4. | Gehälter | 5 400,00 | |
| | an Postbank | | 5 400,00 |
| 5. | Forderungen | 14 000,00 | |
| | an Umsatzerlöse | | 14 000,00 |
| 6. | Bank | 1 200,00 | |
| | an Zinserträge | | 1 200,00 |
| 7. | Bank | 4 300,00 | |
| | an Forderungen | | 4 300,00 |
| 8. | BGA | 3 800,00 | |
| | an Bank | | 3 800,00 |
| 9. | Bank | 8 000,00 | |
| | an Umsatzerlöse | | 8 000,00 |

**Abschlussbuchungen**

| Nr. | Konto | Soll | Haben |
|---|---|---|---|
| I. | Schlussbilanz | 68 900,00 | |
| | an Waren | | 68 900,00 |
| II. | AfW | | |
| | an Waren | | |
| III. | GuV | | |
| | an Aufwandskonten | | |
| IV. | Ertragskonten | | |
| | an GuV | | |
| V. | Eigenkapital | | |
| | an GuV (Verlust) | | |

VI. Schlussbilanz
 an Aktivkonten
VII. Passivkonten
 an Schlussbilanz

**T-Kontenabschluss**

| A | Eröffnungsbilanz | | P |
|---|---|---|---|
| BGA | 60000,00 | Eigenkapital | 155600,00 |
| Waren | 75000,00 | Darlehen | 40000,00 |
| Forderungen | 35000,00 | Verbindlichkeiten | 27000,00 |
| Bank | 22500,00 | | |
| Postbank | 18800,00 | | |
| Kasse | 11300,00 | | |
| | 222600,00 | | 222600,00 |

| S | BGA | | H |
|---|---|---|---|
| AB | 60000,00 | EB | 63800,00 |
| (8) | 3800,00 | | |
| | 63800,00 | | 63800,00 |

| S | Eigenkapital | | H |
|---|---|---|---|
| **Verlust** | **3500,00** | AB | 155600,00 |
| EB | 152100,00 | | |
| | 155600,00 | | 155600,00 |

| S | Waren | | H |
|---|---|---|---|
| AB | 75000,00 | EB (I) | 68900,00 |
| (1) | 8900,00 | AfW | 15000,00 |
| | 83900,00 | | 83900,00 |

| S | Darlehen | | H |
|---|---|---|---|
| (3) | 15000,00 | AB | 40000,00 |
| EB | 25000,00 | | |
| | 40000,00 | | 40000,00 |

| S | Forderungen | | H |
|---|---|---|---|
| AB | 35000,00 | (7) | 4300,00 |
| (5) | 14000,00 | EB | 44700,00 |
| | 49000,00 | | 49000,00 |

| S | Verbindlichkeiten | | H |
|---|---|---|---|
| EB | 35900,00 | AB | 27000,00 |
| | | (1) | 8900,00 |
| | 35900,00 | | 35900,00 |

| S | Bank | | H |
|---|---|---|---|
| AB | 22500,00 | (3) | 15000,00 |
| (6) | 1200,00 | (8) | 3800,00 |
| (7) | 4300,00 | EB | 17200,00 |
| (9) | 8000,00 | | |
| | 36000,00 | | 36000,00 |

| S | Postbank | | H |
|---|---|---|---|
| AB | 18800,00 | (4) | 5400,00 |
| | | EB | 13400,00 |
| | 18800,00 | | 18800,00 |

| S | Kasse | | H |
|---|---|---|---|
| AB | 11300,00 | (2) | 6300,00 |
| | | EB | 5000,00 |
| | 11300,00 | | 11300,00 |

| S | AfW | | H |
|---|---|---|---|
| Waren | 15000,00 | GuV | 15000,00 |

| S | Umsatzerlöse | | H |
|---|---|---|---|
| GuV | 22000,00 | (5) | 14000,00 |
| | | (9) | 8000,00 |
| | 22000,00 | | 22000,00 |

| S | Mietaufwand | | H |
|---|---|---|---|
| (2) | 6300,00 | GuV | 6300,00 |

| S | Zinserträge | | H |
|---|---|---|---|
| GuV | 1200,00 | (6) | 1200,00 |

| S | Gehälter | | H |
|---|---|---|---|
| (4) | 5400,00 | GuV | 5400,00 |

| A | GuV | | E |
|---|---|---|---|
| AfW | 15000,00 | Umsatzerlöse | 22000,00 |
| Mietaufwand | 6300,00 | Zinserträge | 1200,00 |
| Gehalt | 5400,00 | **Verlust/EK** | **3500,00** |
| | 26700,00 | | 26700,00 |

| A | Schlussbilanz | | P |
|---|---|---|---|
| BGA | 63800,00 | Eigenkapital | 152100,00 |
| Waren (I) | 68900,00 | Darlehen | 25000,00 |
| Forderungen | 44700,00 | Verbindlichkeiten | 35900,00 |
| Bank | 17200,00 | | |
| Postbank | 13400,00 | | |
| Kasse | 5000,00 | | |
| | 213000,00 | | 213000,00 |

b) Der Rohgewinn/-verlust stellt lediglich den Erfolg der Umsatztätigkeit, d.h. die Differenz zwischen Wareneinsatz und Umsatzerlösen dar, während der Reingewinn/-verlust den Erfolg der gesamten Geschäftstätigkeit, d.h. einschließlich sämtlicher sonstigen Aufwendungen und Erträge, zum Ausdruck bringt.

c) Ein Gewinn erhöht und ein Verlust vermindert das Eigenkapital!

## 4 Geschäftsvorfälle

| Nr. | Konto | Soll | Haben |
|---|---|---|---|
| 1. | Kasse | 1200,00 | |
| | an BGA | | 1200,00 |
| 2. | Waren | 17500,00 | |
| | an Verbindlichkeiten | | 17500,00 |
| 3. | Bank | 3200,00 | |
| | an Forderungen | | 3200,00 |
| 4. | Kasse | 1800,00 | |
| | an Umsatzerlöse | | 1800,00 |
| 5. | Bank | 680,00 | |
| | an Zinserträge | | 680,00 |
| 6. | Forderungen | 22300,00 | |
| | an Umsatzerlöse | | 22300,00 |
| 7. | Bank | 35000,00 | |
| | an Darlehen | | 35000,00 |
| 8. | Löhne | 7800,00 | |
| | an Kasse | | 7800,00 |

| Nr. | Konto | Soll | Haben |
|---|---|---|---|
| 9. | Verbindlichkeiten | 1 900,00 | |
| | an Kasse | | 1 900,00 |
| 10. | Kasse | 8 200,00 | |
| | an Mieterträge | | 8 200,00 |

**Abschlussbuchungen**

| Nr. | Konto | Soll | Haben |
|---|---|---|---|
| I. | Schlussbilanz | 180 000,00 | |
| | an Waren | | 180 000,00 |
| II. | AfW | | |
| | an Waren | | |
| III. | GuV | | |
| | an Aufwandskonten | | |
| IV. | Ertragskonten | | |
| | an GuV | | |
| V. | GuV (Gewinn) | | |
| | an Eigenkapital | | |
| VI. | Schlussbilanz | | |
| | an Aktivkonten | | |
| VII. | Passivkonten | | |
| | an Schlussbilanz | | |

**T-Kontenabschluss**

**A — Eröffnungsbilanz — P**

| A | | P | |
|---|---|---|---|
| BGA | 250 000,00 | Eigenkapital | 369 800,00 |
| Waren | 175 000,00 | Darlehen | 120 000,00 |
| Forderungen | 48 000,00 | Verbindlichkeiten | 64 000,00 |
| Bank | 63 000,00 | | |
| Kasse | 17 800,00 | | |
| | 553 800,00 | | 553 800,00 |

**S — BGA — H**

| S | | H | |
|---|---|---|---|
| AB | 250 000,00 | (1) | 1 200,00 |
| | | EB | 248 800,00 |
| | 250 000,00 | | 250 000,00 |

**S — Eigenkapital — H**

| S | | H | |
|---|---|---|---|
| EB | 382 480,00 | AB | 369 800,00 |
| | | **Gewinn** | **12 680,00** |
| | 382 480,00 | | 382 480,00 |

**S — Waren — H**

| S | | H | |
|---|---|---|---|
| AB | 175 000,00 | EB (I) | 180 000,00 |
| (2) | 17 500,00 | AfW | 12 500,00 |
| | 192 500,00 | | 192 500,00 |

**S — Darlehen — H**

| S | | H | |
|---|---|---|---|
| EB | 155 000,00 | AB | 120 000,00 |
| | | (7) | 35 000,00 |
| | 155 000,00 | | 155 000,00 |

**S — Forderungen — H**

| S | | H | |
|---|---|---|---|
| AB | 48 000,00 | (3) | 3 200,00 |
| (6) | 22 300,00 | EB | 67 100,00 |
| | 70 300,00 | | 70 300,00 |

**S — Verbindlichkeiten — H**

| S | | H | |
|---|---|---|---|
| (9) | 1 900,00 | AB | 64 000,00 |
| EB | 79 600,00 | (2) | 17 500,00 |
| | 81 500,00 | | 81 500,00 |

| S | Bank | | H |
|---|---|---|---|
| AB | 63000,00 | EB | 101880,00 |
| (3) | 3200,00 | | |
| (5) | 680,00 | | |
| (7) | 35000,00 | | |
| | 101880,00 | | 101880,00 |

| S | Kasse | | H |
|---|---|---|---|
| AB | 17800,00 | (8) | 7800,00 |
| (1) | 1200,00 | (9) | 1900,00 |
| (4) | 1800,00 | EB | 19300,00 |
| (10) | 8200,00 | | |
| | 29000,00 | | 29000,00 |

| S | AfW | | H |
|---|---|---|---|
| Waren | 12500,00 | GuV | 12500,00 |

| S | Umsatzerlöse | | H |
|---|---|---|---|
| GuV | 24100,00 | (4) | 1800,00 |
| | | (6) | 22300,00 |
| | 24100,00 | | 24100,00 |

| S | Löhne | | H |
|---|---|---|---|
| (8) | 7800,00 | GuV | 7800,00 |

| S | Zinserträge | | H |
|---|---|---|---|
| GuV | 680,00 | (5) | 680,00 |

| S | Mieterträge | | H |
|---|---|---|---|
| GuV | 8200,00 | (10) | 8200,00 |

| A | GuV | | E |
|---|---|---|---|
| AfW | 12500,00 | Umsatzerlöse | 24100,00 |
| Löhne | 7800,00 | Zinserträge | 680,00 |
| **Gewinn/EK** | **12680,00** | Mieterträge | 8200,00 |
| | 32980,00 | | 32980,00 |

| A | Schlussbilanz | | P |
|---|---|---|---|
| BGA | 248800,00 | Eigenkapital | 382480,00 |
| Waren (I) | 180000,00 | Darlehen | 155000,00 |
| Forderungen | 67100,00 | Verbindlichkeiten | 79600,00 |
| Bank | 101880,00 | | |
| Kasse | 19300,00 | | |
| | 617080,00 | | 617080,00 |

a) Der Rohgewinn beträgt 11600,00 EUR

b)

| | |
|---|---|
| Rohgewinn | 11600,00 EUR |
| + Zinserträge | 680,00 EUR |
| + Mieterträge | 8200,00 EUR |
| − Löhne | 7800,00 EUR |
| Reingewinn | 12680,00 EUR |

## 5 Geschäftsvorfälle

| Nr. | Konto | Soll | Haben |
|---|---|---|---|
| 1. | Kasse | 14000,00 | |
| | an Umsatzerlöse | | 14000,00 |
| 2. | Verbindlichkeiten | 21000,00 | |
| | an Bank | | 21000,00 |

| Nr. | Konto | Soll | Haben |
|---|---|---|---|
| 3. | Waren | 47 500,00 | |
| | an Verbindlichkeiten | | 47 500,00 |
| 4. | Gehälter | 12 600,00 | |
| | an Kasse | | 1 600,00 |
| | Bank | | 11 000,00 |
| 5. | Bank | 18 500,00 | |
| | an Forderungen | | 18 500,00 |
| 6. | Bank | 800,00 | |
| | an Zinserträge | | 800,00 |
| 7. | Forderungen | 52 000,00 | |
| | an Umsatzerlöse | | 52 000,00 |
| 8. | Darlehen | 20 000,00 | |
| | an Bank | | 20 000,00 |
| 9. | Büromaterial | 320,00 | |
| | an Kasse | | 320,00 |
| 10. | Zinsaufwand | 4 000,00 | |
| | an Bank | | 4 000,00 |
| **Abschlussbuchungen** | | | |
| I. | Schlussbilanz | 121 000,00 | |
| | an Waren | | 121 000,00 |
| II. | AfW | | |
| | an Waren | | |
| III. | GuV | | |
| | an Aufwandskonten | | |
| IV. | Ertragskonten | | |
| | an GuV | | |
| V. | GuV (Gewinn) | | |
| | an Eigenkapital | | |
| VI. | Schlussbilanz | | |
| | an Aktivkonten | | |
| VII. | Passivkonten | | |
| | an Schlussbilanz | | |

**T-Kontenabschluss**

| A | Eröffnungsbilanz | | P |
|---|---|---|---|
| Gebäude | 480 000,00 | Eigenkapital | 577 500,00 |
| Maschinen | 170 000,00 | Hypothekenschuld | 300 000,00 |
| BGA | 75 500,00 | Verbindlichkeiten | 62 000,00 |
| Waren | 118 000,00 | | |
| Forderungen | 35 000,00 | | |
| Bank | 52 000,00 | | |
| Kasse | 9 000,00 | | |
| | 939 500,00 | | 939 500,00 |

| S | Gebäude | | H |
|---|---|---|---|
| AB | 480 000,00 | EB | 480 000,00 |

| S | Eigenkapital | | H |
|---|---|---|---|
| EB | 582 880,00 | AB | 577 500,00 |
| | | **Gewinn** | **5 380,00** |
| | 582 880,00 | | 582 880,00 |

| S | Maschinen | | H |
|---|---|---|---|
| AB | 170 000,00 | EB | 170 000,00 |

| S | Hypothekenschuld | | H |
|---|---|---|---|
| (8) | 20 000,00 | AB | 300 000,00 |
| EB | 280 000,00 | | |
| | 300 000,00 | | 300 000,00 |

| S | BGA | | H |
|---|---|---|---|
| AB | 75 500,00 | EB | 75 500,00 |

| S | Verbindlichkeiten | | H |
|---|---|---|---|
| (2) | 21 000,00 | AB | 62 000,00 |
| EB | 88 500,00 | (3) | 47 500,00 |
| | 109 500,00 | | 109 500,00 |

| S | Waren | | H |
|---|---|---|---|
| AB | 118 000,00 | EB (I) | 121 000,00 |
| (3) | 47 500,00 | AfW | 44 500,00 |
| | 165 500,00 | | 165 500,00 |

| S | Forderungen | | H |
|---|---|---|---|
| AB | 35 000,00 | (5) | 18 500,00 |
| (7) | 52 000,00 | EB | 68 500,00 |
| | 87 000,00 | | 87 000,00 |

| S | Bank | | H |
|---|---|---|---|
| AB | 52 000,00 | (2) | 21 000,00 |
| (5) | 18 500,00 | (4) | 11 000,00 |
| (6) | 800,00 | (8) | 20 000,00 |
| | | (10) | 4 000,00 |
| | | EB | 15 300,00 |
| | 71 300,00 | | 71 300,00 |

| S | Kasse | | H |
|---|---|---|---|
| AB | 9 000,00 | (4) | 1 600,00 |
| (1) | 14 000,00 | (9) | 320,00 |
| | | EB | 21 080,00 |
| | 23 000,00 | | 23 000,00 |

| S | AfW | | H |
|---|---|---|---|
| Waren | 44 500,00 | GuV | 44 500,00 |

| S | Umsatzerlöse | | H |
|---|---|---|---|
| GuV | 66 000,00 | (1) | 14 000,00 |
| | | (7) | 52 000,00 |
| | 66 000,00 | | 66 000,00 |

| S | Zinsaufwand | | H |
|---|---|---|---|
| (10) | 4 000,00 | GuV | 4 000,00 |

| S | Zinserträge | | H |
|---|---|---|---|
| GuV | 800,00 | (6) | 800,00 |

| S | Büromaterial | | H |
|---|---|---|---|
| (9) | 320,00 | GuV | 320,00 |

| S | Gehälter | | H |
|---|---|---|---|
| (4) | 12 600,00 | GuV | 12 600,00 |

| A | GuV | | E |
|---|---|---|---|
| AfW | 44 500,00 | Umsatzerlöse | 66 000,00 |
| Zinsaufwand | 4 000,00 | Zinsertrag | 800,00 |
| Büromaterial | 320,00 | | |
| Gehälter | 12 600,00 | | |
| **Gewinn/EK** | **5 380,00** | | |
| | 66 800,00 | | 66 800,00 |

| A | Schlussbilanz | | P |
|---|---|---|---|
| Gebäude | 480 000,00 | Eigenkapital | 582 880,00 |
| Maschinen | 170 000,00 | Hypothekenschuld | 280 000,00 |
| BGA | 75 500,00 | Verbindlichkeiten | 88 500,00 |
| Waren (I) | 121 000,00 | | |
| Forderungen | 68 500,00 | | |
| Bank | 15 300,00 | | |
| Kasse | 21 080,00 | | |
| | 951 380,00 | | 951 380,00 |

# 6 Die Umsatzsteuer

**Lösung zu Handlungsaufträgen:**

1. Ludwigs Überlegung ist falsch, da die Umsatzsteuer, die beim Einkauf anfällt, eine Forderung an das Finanzamt darstellt und auf dem Konto ‚Vorsteuer' zu verbuchen ist, während die Umsatzsteuer, die beim Verkauf anfällt, eine Verbindlichkeit gegenüber dem Finanzamt darstellt und auf dem Konto ‚Umsatzsteuer' verbucht wird. Folglich muss der Unternehmer lediglich die Differenz zwischen Umsatzsteuer und Vorsteuer, die sogenannte Zahllast, an das Finanzamt abführen.
2. Geschäftsvorfall: Wareneinkauf/-verkauf auf Ziel

| Wareneinkauf | Warenverkauf |
|---|---|
| Waren | Umsatzerlöse |
| Vorsteuer | an Forderungen |
| an Verbindlichkeiten | Umsatzsteuer (MwSt.) |

3. **Berechnung der Zahllast** — **Buchungssatz zur Errechnung**

| **Berechnung der Zahllast** | **Buchungssatz zur Errechnung** |
|---|---|
| Umsatzsteuer (MwSt.) | Umsatzsteuer (MwSt.) |
| – Vorsteuer | an Vorsteuer |
| Zahllast | |

## 6.3 Die Umsatzsteuer beim Warenverkauf

**1**

| Nr. | Konten | Soll | Haben |
|---|---|---|---|
| 1. | Lager- und Transporteinrichtungen | 10 500,00 | |
| | Vorsteuer | 1 995,00 | |
| | an Verbindlichkeiten | | 12 495,00 |

**2**

| Nr. | Konto | Soll | Haben |
|---|---|---|---|
| 1. | Waren | 7 500,00 | |
| | Vorsteuer | 1 425,00 | |
| | an Verbindlichkeiten | | 8 925,00 |
| 2. | Bank | 4 200,00 | |
| | an Kasse | | 4 200,00 |
| 3. | Bank | 3 808,00 | |
| | an Umsatzerlöse | | 3 200,00 |
| | USt (MwSt.) | | 608,00 |
| 4. | Mietaufwand | 3 600,00 | |
| | an Kasse | | 3 600,00 |
| 5. | BGA | 2 180,00 | |
| | Vorsteuer | 414,20 | |
| | an Verbindlichkeiten | | 2 594,20 |
| 6. | Bank | 4 750,00 | |
| | an Forderungen | | 4 750,00 |
| 7. | Gehalt | 9 780,00 | |
| | an Bank | | 9 780,00 |
| 8. | Bank | 600,00 | |
| | an Zinserträge | | 600,00 |
| 9. | Waren | 4 500,00 | |
| | Vorsteuer | 855,00 | |
| | an Kasse | | 1 035,00 |
| | Bank | | 2 700,00 |
| | Postbank | | 1 620,00 |

**3**

| Nr. | Konto | Soll | Haben |
|---|---|---|---|
| 1. | Büromaterial | 379,00 | |
| | Vorsteuer | 72,01 | |
| | an Verbindlichkeiten | | 451,01 |
| 2. | Gehälter | 1 150,00 | |
| | an Kasse | | 1 150,00 |
| 3. | Bank | 4 300,00 | |
| | an Forderungen | | 4 300,00 |
| 4. | Forderungen | 7 378,00 | |
| | an Umsatzerlöse | | 6 200,00 |
| | USt (MwSt.) | | 1 178,00 |
| 5. | Bank | 1 780,00 | |
| | an Diskonterträge | | 1 780,00 |
| 6. | Fuhrpark | 43 000,00 | |
| | Vorsteuer | 8 170,00 | |
| | an Kasse | | 5 000,00 |
| | Bank | | 23 000,00 |
| | Verbindlichkeiten | | 23 170,00 |
| 7. | Aufwendungen für Kommunikation | 870,00 | |
| | an Postbank | | 870,00 |
| 8. | Waren | 23 300,00 | |
| | Vorsteuer | 4 427,00 | |
| | an Bank | | 27 727,00 |

## 6.4 Berechnung und Verbuchung der Umsatzsteuer-Zahllast

**1**

| | Konto | Soll | Haben |
|---|---|---|---|
| a) | Waren | 2 300,00 | |
| | Vorsteuer | 437,00 | |
| | an Verbindlichkeiten | | 2 737,00 |
| b) | Forderungen | 4 046,00 | |
| | an Umsatzerlöse | | 3 400,00 |
| | USt (MwSt.) | | 646,00 |
| **Ermittlung der Zahllast:** | | | |
| I. | USt (MwSt.) | 437,00 | |
| | an Vorsteuer | | 437,00 |
| **Überweisung der Zahllast:** | | | |
| II. | USt (MwSt.) | 209,00 | |
| | an Bank | | 209,00 |

**2**

| Nr. | Konto | Soll | Haben |
|---|---|---|---|
| 1. | Waren | 14 500,00 | |
| | Vorsteuer | 2 755,00 | |
| | an Verbindlichkeiten | | 17 255,00 |
| 2. | Gewerbesteuer | 18 570,00 | |
| | an Bank | | 18 570,00 |
| 3. | Bank | 8 500,00 | |
| | an Kasse | | 8 500,00 |
| 4. | Postbank | 11 900,00 | |
| | an Umsatzerlöse | | 10 000,00 |
| | USt (MwSt.) | | 1 900,00 |
| 5. | USt (MwSt.) | 6 300,00 | |
| | an Vorsteuer | | 6 300,00 |

4 2

| Nr. | Konto | Soll | Haben |
|---|---|---|---|
| 6. | USt (MwSt.) | 7 800,00 | |
| | an Bank | | 7 800,00 |
| 7. | Löhne | 6 350,00 | |
| | an Kasse | | 6 350,00 |
| 8. | Transporteinrichtungen | 42 800,00 | |
| | Vorsteuer | 8 132,00 | |
| | an Verbindlichkeiten | | 50 932,00 |
| 9. | Postbank | 2 750,00 | |
| | an Forderungen | | 2 750,00 |
| 10. | Mietaufwand | 12 000,00 | |
| | an Kasse | | 12 000,00 |

5 3

| Nr. | Konto | Soll | Haben |
|---|---|---|---|
| 1. | Bank | 3 800,00 | |
| | an Zinserträge | | 3 800,00 |
| 2. | Bank | 27 846,00 | |
| | an Umsatzerlöse | | 23 400,00 |
| | USt (MwSt.) | | 4 446,00 |
| 3. | Waren | 17 200,00 | |
| | Vorsteuer | 3 268,00 | |
| | an Verbindlichkeiten | | 20 468,00 |
| 4. | Gehälter | 16 380,00 | |
| | an Bank | | 16 380,00 |
| 5. | Bank | 4 000,00 | |
| | Postbank | 6 500,00 | |
| | Kasse | 2 000,00 | |
| | an Forderungen | | 12 500,00 |
| 6. | USt (MwSt.) | 12 800,00 | |
| | an Vorsteuer | | 12 800,00 |
| 7. | Kasse | 4 998,00 | |
| | an Umsatzerlöse | | 4 200,00 |
| | USt (MwSt.) | | 798,00 |
| 8. | Bank | 2 800,00 | |
| | an Zinserträge | | 2 800,00 |
| 9. | Grundstücke | 120 000,00 | |
| | an Kasse | | 15 000,00 |
| | Bank | | 30 000,00 |
| | Postbank | | 22 000,00 |
| | Verbindlichkeiten | | 53 000,00 |
| 10. | USt (MwSt.) | 14 800,00 | |
| | an Bank | | 14 800,00 |

6 4 **Geschäftsvorfälle:**

| Nr. | Konto | Soll | Haben |
|---|---|---|---|
| 1. | Büromaterial | 300,00 | |
| | Vorsteuer | 57,00 | |
| | an Kasse | | 357,00 |
| 2. | Forderungen | 29 750,00 | |
| | an Umsatzerlöse | | 25 000,00 |
| | USt (MwSt.) | | 4 750,00 |

| Nr. | Konto | Soll | Haben |
|---|---|---|---|
| 3. | Löhne | 4 850,00 | |
| | an Kasse | | 4 850,00 |
| 4. | Waren | 11 000,00 | |
| | Vorsteuer | 2 090,00 | |
| | an Verbindlichkeiten | | 13 090,00 |
| 5. | Zinsaufwand | 580,00 | |
| | an Bank | | 580,00 |
| 6. | Werbung | 800,00 | |
| | Vorsteuer | 152,00 | |
| | an Bank | | 952,00 |
| 7. | Bank | 16 422,00 | |
| | an Umsatzerlöse | | 13 622,00 |
| | USt (MwSt.) | | 2 622,00 |
| 8. | Bank | 8 500,00 | |
| | an Forderungen | | 8 500,00 |
| 9. | Postgebühren | 500,00 | |
| | an Kasse | | 500,00 |
| 10. | Waren | 15 000,00 | |
| | Vorsteuer | 2 850,00 | |
| | an Bank | | 17 850,00 |
| **Abschlussbuchungen** | | | |
| I. | a) USt (MwSt.) | | |
| | an Vorsteuer | | |
| | b) USt (MwSt.) | | |
| | an Schlussbilanz | | |
| II. | Schlussbilanz | 225 000,00 | |
| | an Waren | | 225 000,00 |
| III. | AfW | | |
| | an Waren | | |
| IV. | GuV | | |
| | an Aufwandskonten | | |
| V. | Ertragskonten | | |
| | an GuV | | |
| VI. | Eigenkapital (Verlust) | | |
| | an GuV | | |
| VII. | Schlussbilanz | | |
| | an Aktivkonten | | |
| VIII. | Passivkonten | | |
| | an Schlussbilanz | | |

**T-Kontenabschluss**

| A | Eröffnungsbilanz | | P |
|---|---|---|---|
| Fuhrpark | 165 000,00 | Eigenkapital | 542 500,00 |
| BGA | 95 000,00 | Verbindlichkeiten | 75 000,00 |
| Waren | 235 000,00 | | |
| Forderungen | 53 000,00 | | |
| Bank | 60 000,00 | | |
| Kasse | 9 500,00 | | |
| | 617 500,00 | | 617 500,00 |

| S | Fuhrpark | | H |
|---|---|---|---|
| AB | 165 000,00 | EB | 165 000,00 |

| S | BGA | | H |
|---|---|---|---|
| AB | 95 000,00 | EB | 95 000,00 |

| S | Waren | | H |
|---|---|---|---|
| AB | 235 000,00 | EB (II) | 225 000,00 |
| (4) | 11 000,00 | AfW | 36 000,00 |
| (10) | 15 000,00 | | |
| | 261 000,00 | | 261 000,00 |

| S | Forderungen | | H |
|---|---|---|---|
| AB | 53 000,00 | (8) | 8 500,00 |
| (2) | 29 750,00 | EB | 74 250,00 |
| | 82 750,00 | | 82 750,00 |

| S | Kasse | | H |
|---|---|---|---|
| AB | 9 500,00 | (1) | 357,00 |
| | | (3) | 4 850,00 |
| | | (9) | 500,00 |
| | | EB | 3 793,00 |
| | 9 500,00 | | 9 500,00 |

| S | AfW | | H |
|---|---|---|---|
| Waren | 36 000,00 | GuV | 36 000,00 |

| S | Löhne | | H |
|---|---|---|---|
| (3) | 4 850,00 | GuV | 4 850,00 |

| S | Büromaterial | | H |
|---|---|---|---|
| (1) | 300,00 | GuV | 300,00 |

| S | Zinsaufwand | | H |
|---|---|---|---|
| (5) | 580,00 | GuV | 580,00 |

| S | Eigenkapital | | H |
|---|---|---|---|
| **Verlust** | **4 230,00** | AB | 542 500,00 |
| EB | 538 270,00 | | |
| | 542 500,00 | | 542 500,00 |

| S | Verbindlichkeiten | | H |
|---|---|---|---|
| EB | 88 090,00 | AB | 75 000,00 |
| | | (4) | 13 096,00 |
| | 88 090,00 | | 88 090,00 |

| S | USt (MwSt.) | | H |
|---|---|---|---|
| Vorsteuer | | (2) | 4 750,00 |
| (I.a) | 5 149,00 | (7) | 2 622,00 |
| EB (I.b) | 2 223,00 | | |
| | 7 372,00 | | 7 372,00 |

| S | Bank | | H |
|---|---|---|---|
| AB | 60 000,00 | (5) | 580,00 |
| (7) | 16 422,00 | (6) | 952,00 |
| (8) | 8 500,00 | (10) | 17 850,00 |
| | | EB | 65 540,00 |
| | 84 922,00 | | 84 922,00 |

| S | Vorsteuer | | H |
|---|---|---|---|
| (1) | 57,00 | USt | |
| (4) | 2 090,00 | (I.a) | 5 149,00 |
| (6) | 152,00 | | |
| (10) | 2 850,00 | | |
| | 5 149,00 | | 5 149,00 |

| S | Umsatzerlöse | | H |
|---|---|---|---|
| GuV | 38 800,00 | (2) | 25 000,00 |
| | | (7) | 13 800,00 |
| | 38 800,00 | | 38 800,00 |

| S | Werbeaufwand | | H |
|---|---|---|---|
| (6) | 800,00 | GuV | 800,00 |

| S | Postgebühren | | H |
|---|---|---|---|
| (9) | 500,00 | GuV | 500,00 |

| A | GuV | | E |
|---|---|---|---|
| AfW | 36 000,00 | Umsatzerlöse | 38 800,00 |
| Löhne | 4 850,00 | **Verlust/EK** | **4 230,00** |
| Werbeaufwand | 800,00 | | |
| Büromaterial | 300,00 | | |
| Postgebühren | 500,00 | | |
| Zinsaufwand | 580,00 | | |
| | 43 030,00 | | 43 030,00 |

| A | Schlussbilanz | | P |
|---|---|---|---|
| Fuhrpark | 165 000,00 | Eigenkapital | 538 270,00 |
| BGA | 95 000,00 | Verbindlichkeiten | 88 090,00 |
| Waren (II) | 225 000,00 | USt (I.b) | 2 223,00 |
| Forderungen | 74 250,00 | | |
| Bank | 65 540,00 | | |
| Kasse | 3 793,00 | | |
| | 628 583,00 | | 628 583,00 |

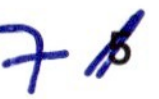

**Geschäftsvorfälle:**

| Nr. | Konto | Soll | Haben |
|---|---|---|---|
| 1. | Mietaufwand | 8 300,00 | |
| | Gewerbesteuer | 4 500,00 | |
| | an Bank | | 12 800,00 |
| 2. | Waren | 12 000,00 | |
| | Vorsteuer | 2 280,00 | |
| | an Kasse | | 1 860,00 |
| | Bank | | 8 000,00 |
| | Postbank | | 4 420,00 |
| 3. | Gehälter | 7 000,00 | |
| | an Postbank | | 7 000,00 |
| 4. | Verbindlichkeiten | 3 000,00 | |
| | an Bank | | 3 000,00 |
| 5. | Forderungen | 22 848,00 | |
| | an Umsatzerlöse | | 19 200,00 |
| | MwSt. | | 3 648,00 |
| 6. | Bank | 7 300,00 | |
| | an Forderungen | | 7 300,00 |
| 7. | Zinsaufwand | 800,00 | |
| | an Bank | | 800,00 |
| 8. | BGA | 3 700,00 | |
| | Vorsteuer | 703,00 | |
| | an Bank | | 4 403,00 |
| 9. | Postbank | 5 800,00 | |
| | an Zinserträge | | 5 800,00 |

**Abschlussbuchungen**

I. a) USt (MwSt.)
an Vorsteuer

b) USt (MwSt.)
an Bank

| | | | |
|---|---|---|---|
| II. | Schlussbilanz | 51 500,00 | |
| | an Waren | | 51 500,00 |
| III. | AfW | | |
| | an Waren | | |
| IV. | GuV | | |
| | an Aufwandskonten | | |
| V. | Ertragskonten | | |
| | an GuV | | |
| VI. | GuV (Gewinn) | | |
| | an Eigenkapital | | |
| VII. | Schlussbilanz | | |
| | an Aktivkonten | | |
| VIII. | Passivkonten | | |
| | an Schlussbilanz | | |

**T-Kontenabschluss**

A — Eröffnungsbilanz — P

| A | | P | |
|---|---|---|---|
| Grundstücke | 260 000,00 | Eigenkapital | 242 000,00 |
| BGA | 83 000,00 | Hypothekenschulden | 185 000,00 |
| Waren | 42 000,00 | Verbindlichkeiten | 32 000,00 |
| Forderungen | 27 000,00 | | |
| Bank | 29 000,00 | | |
| Postbank | 13 500,00 | | |
| Kasse | 4 500,00 | | |
| | 459 000,00 | | 459 000,00 |

S — Grundstücke — H

| S | | H | |
|---|---|---|---|
| AB | 260 000,00 | EB | 260 000,00 |

S — Eigenkapital — H

| S | | H | |
|---|---|---|---|
| EB | 243 900,00 | AB | 242 000,00 |
| | | **Gewinn** | **1 900,00** |
| | 243 900,00 | | 243 900,00 |

S — BGA — H

| S | | H | |
|---|---|---|---|
| AB | 83 000,00 | EB | 86 700,00 |
| (8) | 3 700,00 | | |
| | 86 700,00 | | 86 700,00 |

S — Hypothekenschulden — H

| S | | H | |
|---|---|---|---|
| EB | 185 000,00 | AB | 185 000,00 |

S — Waren — H

| S | | H | |
|---|---|---|---|
| AB | 42 000,00 | EB (II) | 51 500,00 |
| (2) | 12 000,00 | AfW | 2 500,00 |
| | 54 000,00 | | 54 000,00 |

S — Verbindlichkeiten — H

| S | | H | |
|---|---|---|---|
| (4) | 3 000,00 | AB | 32 000,00 |
| EB | 29 000,00 | | |
| | 32 000,00 | | 32 000,00 |

S — Forderungen — H

| S | | H | |
|---|---|---|---|
| AB | 27 000,00 | (6) | 7 300,00 |
| (5) | 22 848,00 | EB | 42 548,00 |
| | 49 848,00 | | 49 848,00 |

S — USt (MwSt.) — H

| S | | H | |
|---|---|---|---|
| Vorsteuer (I.a) | 2 983,00 | (5) | 3 648,00 |
| Bank (I.b) | 665,00 | | |
| | 3 648,00 | | 3 648,00 |

| S | Bank | | H |
|---|---|---|---|
| AB | 29 000,00 | (1) | 12 800,00 |
| (6) | 7 300,00 | (2) | 8 000,00 |
| | | (4) | 3 000,00 |
| | | (7) | 800,00 |
| | | (8) | 4 403,00 |
| | | USt (I.b) | 665,00 |
| | | EB | 6 623,00 |
| | 36 300,00 | | 36 300,00 |

| S | Postbank | | H |
|---|---|---|---|
| AB | 13 500,00 | (2) | 4 420,00 |
| (9) | 5 800,00 | (3) | 7 000,00 |
| | | EB | 7 880,00 |
| | 19 300,00 | | 19 300,00 |

| S | Kasse | | H |
|---|---|---|---|
| AB | 4 500,00 | (2) | 1 860,00 |
| | | EB | 2 640,00 |
| | 4 500,00 | | 4 500,00 |

| S | Vorsteuer | | H |
|---|---|---|---|
| (2) | 2 280,00 | USt | |
| (8) | 703,00 | (I.a) | 2 983,00 |
| | 2 983,00 | | 2 983,00 |

| S | AfW | | H |
|---|---|---|---|
| Waren | 2 500,00 | GuV | 2 500,00 |

| S | Umsatzerlöse | | H |
|---|---|---|---|
| GuV | 19 200,00 | (5) | 19 200,00 |

| S | Mietaufwand | | H |
|---|---|---|---|
| (1) | 8 300,00 | GuV | 8 300,00 |

| S | Zinserträge | | H |
|---|---|---|---|
| GuV | 5 800,00 | (9) | 5 800,00 |

| S | Steuern | | H |
|---|---|---|---|
| (1) | 4 500,00 | GuV | 4 500,00 |

| S | Gehälter | | H |
|---|---|---|---|
| (3) | 7 000,00 | GuV | 7 000,00 |

| S | Zinsaufwand | | H |
|---|---|---|---|
| (7) | 800,00 | GuV | 800,00 |

| A | GuV | | E |
|---|---|---|---|
| AfW | 2 500,00 | Umsatzerlöse | 19 200,00 |
| Mietaufwand | 8 300,00 | Zinserträge | 5 800,00 |
| Steuern | 4 500,00 | | |
| Gehälter | 7 000,00 | | |
| Zinsaufwand | 800,00 | | |
| **Gewinn/EK** | **1 900,00** | | |
| | 25 000,00 | | 25 000,00 |

| A | Schlussbilanz | | P |
|---|---|---|---|
| Grundstücke | 260 000,00 | Eigenkapital | 243 900,00 |
| BGA | 86 700,00 | Hypothekenschulden | 185 000,00 |
| Waren (II) | 51 500,00 | Verbindlichkeiten | 29 000,00 |
| Forderungen | 42 548,00 | | |
| Bank | 6 632,00 | | |
| Postbank | 7 880,00 | | |
| Kasse | 2 640,00 | | |
| | 457 900,00 | | 457 900,00 |

# 7 Organisation der Buchführung

**Lösung zu Handlungsaufträgen:**

1. – Der Kontenplan sollte numerisch aufgebaut sein.
   – Die Bestandskonten, die über die Schlussbilanz abgeschlossen werden, sollten eigene Nummern erhalten, wobei innerhalb der Bestandskonten Aktiv- und Passivkonten unterschiedliche Nummern aufweisen sollten.
   – Die Erfolgskonten, die über die Gewinn- und Verlustrechnung abgeschlossen werden, sollten ebenfalls eigene Nummern erhalten, wobei ebenfalls noch zwischen Ertrags- und Aufwandskonten zu unterscheiden wäre.
2. Die Grundordnung (der Kontenrahmen) für sämtliche Unternehmen einer Branche sollte aus Gründen der Vergleichbarkeit identisch aufgebaut sein.
3. Ab sofort weisen sämtliche im Buchungssatz angesprochene Konten die dazugehörigen Kontennummern auf.

## 7.4 Die Buchung nach dem Kontenplan

**1**
- 44 Verbindlichkeiten
- 280 Bank
- 051 Bebaute Grundstücke
- 670 Mietaufwendungen
- 282 Kasse
- 500 Umsatzerlöse
- 480 USt (MwSt.)
- 63 Gehälter
- 650 Abschreibungen auf Anlagen
- 240 Forderungen
- 260 Vorsteuer
- 571 Zinserträge
- 200 Waren
- 071 Maschinen
- 682 Postgebühren
- 084 Fuhrpark

**2**
087 = Geschäftsausstattung
680 = Büromaterial
613 = Instandhaltung und Reparaturen
41 = Darlehen, Hypothekenschulden
240 = Forderungen
541 = Provisionserträge
480 = USt (MwSt.)
687 = Werbung
500 = Umsatzerlöse
050 = unbebaute Grundstücke
260 = Vorsteuer
702 = Grundsteuer

**3**
- 282/280 Barabhebung von unserem Bankkonto
- 670/281 (280) Postbankschecküberweisung unserer Geschäftsmiete
- 240/500 Warenverkauf auf Ziel
  480 netto
  \+ 19% USt
- 281/084 Verkauf eines Pkw gegen Postbankscheck
  480 netto
  \+ 19% USt
- 480/280 Banküberweisung der Zahllast
- 280/571 Die Bank schreibt uns Zinsen gut

| | | |
|---|---|---|
| – 200 | Wareneinkauf auf Ziel | |
| 260/44 | netto | |
| | + 19 % USt | |
| – 085 | Kauf einer EDV-Anlage (etc.) gegen Bankscheck | |
| 260/280 | netto | |
| | + 19 % USt | |

**4**

| Nr. | Kto. Nr. | Konto | Soll | Haben |
|---|---|---|---|---|
| 1. | 240 | Forderungen | 4 760,00 | |
| | an 500 | an Umsatzerlöse | | 4 000,00 |
| | 480 | USt (MwSt.) | | 760,00 |
| 2. | 63 | Gehälter | 12 500,00 | |
| | an 282 | an Kasse | | 12 500,00 |
| 3. | 44 | Verbindlichkeiten | 7 600,00 | |
| | an 280 | an Bank | | 7 600,00 |
| 4. | 670 | Mietaufwand | 4 200,00 | |
| | 703 | Kfz-Steuer | 780,00 | |
| | an 280 | an Bank | | 4 980,00 |
| 5. | 282 | Kasse | 20 230,00 | |
| | an 084 | an Fuhrpark | | 17 000,00 |
| | 480 | USt (MwSt.) | | 3 230,00 |
| 6. | 200 | Waren | 8 600,00 | |
| | 260 | Vorsteuer | 1 634,00 | |
| | an 44 | an Verbindlichkeiten | | 9 976,00 |
| 7. | 41 | Darlehen | 20 000,00 | |
| | an 280 | an Bank | | 20 000,00 |
| 8. | 280 | Bank | 2 600,00 | |
| | an 571 | an Zinserträge | | 2 600,00 |
| 9. | 280 | Bank | 9 500,00 | |
| | an 240 | an Forderungen | | 9 500,00 |
| 10. | 44 | Verbindlichkeiten | 9 890,00 | |
| | an 280 | an Bank | | 9 890,00 |
| 11. | 680 | Büromaterial | 300,00 | |
| | 260 | Vorsteuer | 57,00 | |
| | an 282 | an Kasse | | 357,00 |
| 12. | 687 | Werbung | 800,00 | |
| | 260 | Vorsteuer | 152,00 | |
| | an 281 (280) | an Postbank | | 952,00 |
| 13. | 083 | Transporteinrichtung | 40 000,00 | |
| | 260 | Vorsteuer | 7 600,00 | |
| | an 44 | an Verbindlichkeiten | | 47 600,00 |
| 14. | 282 | Kasse | 8 000,00 | |
| | 280 | Bank | 10 000,00 | |
| | 240 | Forderungen | 11 750,00 | |
| | an 500 | an Umsatzerlöse | | 25 000,00 |
| | 480 | USt (MwSt.) | | 4 750,00 |
| 15. | 087 | Geschäftsausstattung | 1 400,00 | |
| | 260 | Vorsteuer | 266,00 | |
| | an 282 | an Kasse | | 1 666,00 |
| 16. | 680 | Büromaterial | 800,00 | |
| | 605 | Energie- u. Treibstoffkosten | 450,00 | |

**4**

| Nr. | Kto. Nr. | Konto | Soll | Haben |
|---|---|---|---|---|
| | 685 | Reisekosten | 600,00 | |
| | 692 | Verbandsbeiträge | 320,00 | |
| | 671 | Leasinggebühren | 1 200,00 | |
| | an 280 | an Bank | | 3 370,00 |
| 17. | 282 | Bank | 4 000,00 | |
| | an 240 | an Forderungen | | 4 000,00 |
| 18. | 480 | USt (MwSt.) | 8 200,00 | |
| | an 281 (280) | an Postbank | | 8 200,00 |

# 8 Personalaufwendungen

**Lösung zu Handlungsaufträgen:**

1. Vom im Arbeitsvertrag vereinbarten Bruttogehalt sind sowohl die steuerpflichtigen Abzüge als auch die sozialversicherungspflichtigen Abzüge abzuziehen. Der sich danach ergebende Restbetrag stellt das Nettogehalt des Arbeitnehmers dar.
2. **Steuerpflichtige Abzüge**
   - Lohn- oder Einkommensteuer
   - Kirchensteuer
   - Solidaritätszuschlag

   **Sozialversicherungspflichtige Abzüge**
   - Krankenversicherungsbeiträge
   - Rentenversicherungsbeiträge
   - Arbeitslosenversicherungsbeiträge
   - Pflegeversicherungsbeiträge
3. Lohn bzw. Gehalt stellt für den Arbeitgeber Aufwendungen dar, die in die Preise einkalkuliert werden und diese somit erhöhen. Dies kann u. U. dazu führen, dass der Arbeitgeber mit seinen Produkten nicht mehr konkurrenzfähig ist.
4. 62 Löhne/63 Gehälter
   an 483 Verbindlichkeiten gegenüber Finanzbehörden
   484 Verbindlichkeiten gegenüber Sozialversicherungsbehörden
   280 Bank

   Wie bereits unter (3) besprochen stellen Löhne/Gehälter für das Unternehmen Aufwendungen dar, die über die GuV abgeschlossen werden. Dort führen sie zu einer Erhöhung der Aufwendungen insgesamt, was wiederum bei gleichbleibenden Erträgen zu einer Gewinnminderung, Verlustausweisung oder evtl. sogar zu einer Verluststeigerung führen kann.

## 8.2 Die Verbuchung von Löhnen und Gehältern

**1**

| | Kto. Nr. | Konto | Soll | Haben |
|---|---|---|---|---|
| 1) | 63 | Gehälter | 3 580,00 | |
| | an 280 | an Bank | | 2 181,69 |
| | 483 | FB-Verbindlichkeiten | | 655,46 |
| | 484 | SV-Verbindlichkeiten | | 742,85 |
| 2) | 65 | Arbeitgeberanteil | 742,85 | |
| | an 484 | an SV-Verbindlichkeiten | | 742,85 |

**2**

| Nr. | Kto. Nr. | Konto | Soll | Haben |
|---|---|---|---|---|
| 1. | 62 | Löhne | 2 475,00 | |
| | an 280 | an Bank | | 1 527,82 |
| | 483 | FB-Verbindlichkeiten | | 507,87 |
| | 484 | SV-Verbindlichkeiten | | 439,31 |
| 2. | 640 | Arbeitgeberanteil | 439,31 | |
| | an 484 | an SV-Verbindlichkeiten | | 439,31 |

**3**

| Nr. | Kto. Nr. | Konto | Soll | Haben |
|---|---|---|---|---|
| 1. | 62 | Löhne | 63 750,00 | |
| | an 280 | an Bank | | 33 897,00 |
| | 483 | FB-Verbindlichkeiten | | 19 260,00 |
| | 484 | SV-Verbindlichkeiten | | 10 593,00 |
| 2. | 640 | Arbeitgeberanteil | 10 593,00 | |
| | an 484 | an SV-Verbindlichkeiten | | 10 593,00 |

**3**

| Nr. | Kto. Nr. | Konto | Soll | Haben |
|---|---|---|---|---|
| 3. | 483 | FB-Verbindlichkeiten | 19 260,00 | |
| | an 280 | an Bank | | 19 260,00 |
| 4. | 484 | SV-Verbindlichkeiten | 21 186,00 | |
| | an 281 (280) | an Postbank | | 21 186,00 |

**4**

| Nr. | Kto. Nr. | Konto | Soll | Haben |
|---|---|---|---|---|
| | 63 | Gehälter | 4 200,00 | |
| | an 280 | an Bank | | 2 505,30 |
| | 483 | FB-Verbindlichkeiten | | 907,20 |
| | 484 | SV-Verbindlichkeiten | | 787,50 |

**5** 1. Nettogehalt 11 060,00 EUR
Arbeitgeberanteil zur Sozialversicherung 3400,00 EUR

| Nr. | Kto. Nr. | Konto | Soll | Haben |
|---|---|---|---|---|
| 2. | 63 | Gehälter | 17 000,00 | |
| | an 280 | an Bank | | 11 060,00 |
| | 483 | FB-Verbindlichkeiten | | 2 540,00 |
| | 484 | SV-Verbindlichkeiten | | 3 400,00 |
| | 65 | Arbeitgeberanteil | 3 400,00 | |
| | an 484 | an SV-Verbindlichkeiten | | 3 400,00 |
| 3. | 483 | FB-Verbindlichkeiten | 2 540,00 | |
| | 484 | SV-Verbindlichkeiten | 6 800,00 | |
| | an 280 | an Bank | | 9 340,00 |

**6**

| Nr. | Kto. Nr. | Konto | Soll | Haben |
|---|---|---|---|---|
| 1. | 200 | Waren | 17 800,00 | |
| | 260 | Vorsteuer | 3 382,00 | |
| | an 44 | an Verbindlichkeiten | | 21 182,00 |
| 2. | 682 | Postgebühren | 1 200,00 | |
| | an 281 (280) | an Postbank | | 1 200,00 |
| 3. | 63 | Gehälter | 7 800,00 | |
| | an 280 | an Bank | | 4 150,00 |
| | 483 | FB-Verbindlichkeiten | | 1 900,00 |
| | 484 | SV-Verbindlichkeiten | | 1 750,00 |
| | 64 | Arbeitgeberanteil | 1 750,00 | |
| | an 484 | an SV-Verbindlichkeiten | | 1 750,00 |
| 4. | 483 | FB-Verbindlichkeiten | 1 900,00 | |
| | 484 | SV-Verbindlichkeiten | 3 500,00 | |
| | an 280 | an Bank | | 5 400,00 |
| 5. | 240 | Forderungen | 7 140,00 | |
| | an 500 | an Umsatzerlöse | | 6 000,00 |
| | 480 | USt (MwSt.) | | 1 140,00 |
| 6. | 680 | Büromaterial | 400,00 | |
| | 260 | Vorsteuer | 76,00 | |
| | an 280 | an Bank | | 476,00 |

## 8.3 Die Verbuchung von Lohn- und Gehaltsvorschüssen

**1**

| Nr. | Kto. Nr. | Konto | Soll | Haben |
|---|---|---|---|---|
| 1. | 265 | Vorschüsse | 500,00 | |
| | an 282 | an Kasse | | 500,00 |
| 2. | 63 | Gehalt | 4000,00 | |
| | an 280 | an Bank | | 1584,80 |
| | 483 | FB-Verbindlichkeiten | | 1231,20 |
| | 484 | SV-Verbindlichkeiten | | 684,00 |
| | 265 | Vorschüsse | | 500,00 |
| 3. | 64 | Arbeitgeberanteil | 684,00 | |
| | an 484 | an SV-Verbindlichkeiten | | 684,00 |
| 4. | 483 | FB-Verbindlichkeiten | 1231,20 | |
| | 484 | SV-Verbindlichkeiten | 1368,00 | |
| | an 280 | an Bank | | 2599,20 |

**2**

| Nr. | Kto. Nr. | Konto | Soll | Haben |
|---|---|---|---|---|
| 1. | 265 | Vorschüsse | 350,00 | |
| | an 280 | an Bank | | 350,00 |
| 2. | 62 | Löhne | 2700,00 | |
| | an 280 | an Bank | | 1309,96 |
| | 483 | FB-Verbindlichkeiten | | 554,04 |
| | 484 | SV-Verbindlichkeiten | | 486,00 |
| | 265 | Vorschüsse | | 350,00 |

**3** a) 148 Std. × 14,50 EUR/Std. = 2146,00 EUR

b)

| | | | |
|---|---|---|---|
| Lohnsteuer | 22,0% | = | 472,12 EUR |
| Kirchensteuer | 8,0% | = | 37,77 EUR |
| Sozialversicherung | 19,5% | = | 418,47 EUR |

**Buchungssätze**

| | Nr. | Kto. Nr. | Konto | Soll | Haben |
|---|---|---|---|---|---|
| | (1) | 62 | Löhne | 2146,00 | |
| | | an 280 | an Bank | | 1217,64 |
| | | 483 | FB-Verbindlichkeiten | | 509,89 |
| | | 484 | SV-Verbindlichkeiten | | 418,47 |
| | (2) | 64 | Arbeitgeberanteil | 418,47 | |
| | | an 484 | an SV-Verbindlichkeiten | | 418,47 |
| c) | (1) | 265 | Vorschüsse | 350,00 | |
| | | an 282 | an Kasse | | 350,00 |
| | (2) | 62 | Löhne | 2146,00 | |
| | | an 280 | an Bank | | 867,64 |
| | | 483 | FB-Verbindlichkeiten | | 509,89 |
| | | 484 | SV-Verbindlichkeiten | | 418,47 |
| | | 265 | Vorschüsse | | 350,00 |
| d) | | 483 | FB-Verbindlichkeiten | 509,89 | |
| | | 484 | SV-Verbindlichkeiten | 836,94 | |
| | | an 280 | an Bank | | 1346,83 |

**4**

| Nr. | Kto. Nr. | Konto | Soll | Haben |
|---|---|---|---|---|
| 1. | 282 | Kasse | 5 000,00 | |
| | 280 | Bank | 10 000,00 | |
| | 240 | Forderungen | 12 370,00 | |
| | an 084 | an Fuhrpark | | 23 000,00 |
| | 480 | USt (MwSt.) | | 4 370,00 |
| 2. | 200 | Waren | 7 000,00 | |
| | 260 | Vorsteuer | 1 330,00 | |
| | an 44 | an Verbindlichkeiten | | 8 330,00 |
| 3. | 265 | Vorschüsse | 500,00 | |
| | an 282 | an Kasse | | 500,00 |
| 4. | 751 | Zinsaufwand | 1 200,00 | |
| | an 280 | an Bank | | 1 200,00 |
| 5. | 281 (280) | Postbank | 952,00 | |
| | an 500 | an Umsatzerlöse | | 800,00 |
| | 480 | USt (MwSt.) | | 152,00 |
| 6. | 282 | Kasse | 2 800,00 | |
| | an 540 | an Mieterträge | | 2 800,00 |
| 7. | 280 | Bank | 1 250,00 | |
| | an 240 | an Forderungen | | 1 250,00 |
| 8. | 63 | Gehälter | 3 200,00 | |
| | an 280 | an Bank | | 1 450,00 |
| | 483 | FB-Verbindlichkeiten | | 640,00 |
| | 484 | SV-Verbindlichkeiten | | 600,00 |
| | 265 | Vorschüsse | | 500,00 |
| | 640 | Arbeitgeberanteil | 600,00 | |
| | an 484 | an SV-Verbindlichkeiten | | 600,00 |
| 9. | 44 | Verbindlichkeiten | 5 000,00 | |
| | an 280 | an Bank | | 5 000,00 |
| 10. | 280 | Bank | 40 000,00 | |
| | an 41 | an Darlehen | | 40 000,00 |
| 11. | 083 | Transporteinrichtungen | 35 000,00 | |
| | 260 | Vorsteuer | 6 650,00 | |
| | an 280 | an Bank | | 30 000,00 |
| | 281 (280) | Postbank | | 11 650,00 |
| 12. | 483 | FB-Verbindlichkeiten | 640,00 | |
| | 484 | SV-Verbindlichkeiten | 1 200,00 | |
| | an 280 | an Bank | | 1 840,00 |
| 13. | 480 | USt (MwSt.) | 4 200,00 | |
| | an 280 | an Bank | | 4 200,00 |
| 14. | 680 | Büromaterial | 250,00 | |
| | 260 | Vorsteuer | 47,50 | |
| | an 282 | an Kasse | | 297,50 |

# 9 Die Abschreibung der Anlagegüter

**Lösung zu Handlungsaufträgen:**

1. Zu einer Wertminderung können führen:
   - die Beanspruchung (Gebrauch)
   - der natürliche Verschleiß
   - der technische Fortschritt
2. Es lassen sich die lineare und die degressive Abschreibung unterscheiden.
3. Lineare Abschreibung: die Höhe der linearen Abschreibung hängt von der Nutzungsdauer des abzuschreibenden Gutes ab und errechnet sich wie folgt:

   $$\text{Abschreibungsbetrag} = \frac{\text{Anschaffungswert}}{\text{Nutzungsdauer}}$$

   Degressive Abschreibung: Zur Ermittlung des degressiven Abschreibungsbetrages benötigt man zunächst den linearen Abschreibungssatz. Dieser errechnet sich folgendermaßen:

   $$\text{Abschreibungssatz} = \frac{100\,\%}{\text{Nutzungsdauer}}$$

   Möchte man nunmehr den degressiven Abschreibungsbetrag ermitteln, so muss man Folgendes beachten:
   der degressive Abschreibungssatz darf
   a) das Doppelte des linearen Satzes,
   b) jedoch nicht mehr als 20% betragen.
   Dieser Satz ist danach im ersten Jahr auf den Anschaffungswert und in den folgenden Jahren auf den jeweiligen Restwert zu beziehen.
4. Abschreibungen stellen ebenso wie Löhne/Gehälter für das Unternehmen Aufwendungen dar, die über die GuV abgeschlossen werden. Dort führen sie zu einer Erhöhung der Aufwendungen insgesamt, was wiederum bei gleichbleibenden Erträgen zu einer Gewinnminderung, Verlustausweisung oder evtl. sogar zu einer Verluststeigerung führen kann.

## 9.2 Berechnung der Abschreibungsbeträge

### 9.2.3 Tabellarischer Vergleich: lineare – degressive Abschreibung

**1 Buchungssätze**

| | Kto. Nr. | Konto | Soll | Haben |
|---|---|---|---|---|
| a) | 083 | Lager- und Transporteinrichtung | 6800,00 | |
| | 260 | Vorsteuer | 1292,00 | |
| | an 44 | an Verbindlichkeiten | | 8092,00 |
| b) | 44 | Verbindlichkeiten | 8092,00 | |
| | an 280 | an Bank | | 8092,00 |

c)

| | lineare Abschreibung | | degressive Abschreibung | |
|---|---|---|---|---|
| Zeit in Jahren | Restwert | Abschreibungsbetrag | Restwert | Abschreibungsbetrag |
| Anschaffungswert | 6800,00 | | 6800,00 | |
| 1. Jahr | 5950,00 | 850,00 | 5440,00 | 1360,00 |
| 2. Jahr | 5100,00 | 850,00 | 4352,00 | 1088,00 |
| 3. Jahr | 4250,00 | 850,00 | 3481,60 | 870,40 |

| | | | | |
|---|---|---|---|---|
| 4. Jahr | 3400,00 | 850,00 | 2785,28 | 696,32 |
| 5. Jahr | 2550,00 | 850,00 | 2228,22 | 557,06 |
| 6. Jahr | 1700,00 | 850,00 | 1782,58 | 445,64 |
| 7. Jahr | 850,00 | 850,00 | 1426,06 | 356,52 |
| 8. Jahr | 0,00 | 850,00 | 1140,85 | 285,21 |

| | | | Soll | Haben |
|---|---|---|---|---|
| d) | 650 | Abschreibung auf Sachanlagen | 850,00 | |
| | an 083 | an Lager- und Transporteinrichtungen | | 850,00 |
| | 650 | Abschreibung auf Sachanlagen | 1360,00 | |
| | an 083 | an Lager- und Transporteinrichtungen | | 1360,00 |

**2**

| | | Soll | Haben |
|---|---|---|---|
| 650 | Abschreibung auf Sachanlagen | 50000,00 | |
| an 084 | an Fuhrpark | | 50000,00 |
| 650 | Abschreibung auf Sachanlagen | 60000,00 | |
| an 084 | an Fuhrpark | | 60000,00 |

**3** a)

| | lineare Abschreibung | | degressive Abschreibung | |
|---|---|---|---|---|
| Zeit in Jahren | Restwert | Abschreibungsbetrag | Restwert | Abschreibungsbetrag |
| Anschaffungswert | 35000,00 | | 35000,00 | |
| 1. Jahr | 30625,00 | 4375,00 | 28000,00 | 7000,00 |
| 2. Jahr | 26250,00 | 4375,00 | 22400,00 | 5600,00 |
| 3. Jahr | 21875,00 | 4375,00 | 17920,00 | 4480,00 |

| | | | Soll | Haben |
|---|---|---|---|---|
| b) | 650 | Abschreibung auf Sachanlagen | 4374,00 | |
| | an 083 | an Lager- und Transporteinrichtungen | | 4374,00 |

**4** **Buchungssatz**

| Nr. | Kto. Nr. | Konto | Soll | Haben |
|---|---|---|---|---|
| 1. | 650 | Abschreibung auf Sachanlagen | 1500,00 | |
| | an 087 | an Geschäftsausstattung | | 1500,00 |

**Abschlussbuchungen**

| | | | Soll | Haben |
|---|---|---|---|---|
| I. | 802 | GuV | 1500,00 | |
| | an 650 | an Abschreibung auf Sachanlagen | | 1500,00 |
| II. | 801 | Schlussbilanz | 6000,00 | |
| | an 087 | an Geschäftsausstattung | | 6000,00 |

**T-Kontenabschluss**

S 087 Geschäftsausstattung H

| | | | |
|---|---|---|---|
| AB | 7500,00 | Abschr. 1) | 1500,00 |
| | | EB II) | 6000,00 |
| | 7500,00 | | 7500,00 |

S 650 Abschreibung auf SA H

| | | | |
|---|---|---|---|
| BGA 1) | 1500,00 | GuV I) | 1500,00 |

A 801 Schlussbilanz P

| | | | |
|---|---|---|---|
| | . | | . |
| | . | | . |
| | . | | . |
| BGA II) | 6000,00 | | . |

A 802 GuV E

| | | | |
|---|---|---|---|
| Abschr. I) | 1500,00 | | . |
| | . | | . |
| | . | | . |
| | . | | . |

**5** a) Abschreibungssatz $= \frac{100\,\%}{5\text{ J.}} = \underline{\underline{20\,\%}}$

Abschreibungshöhe $= \frac{60\,000}{5\text{ J.}} = \underline{\underline{12\,000{,}00\text{ EUR}}}$

b)

| Jahr | Abschreibungsbetrag | Restwert | |
|---|---|---|---|
| | | 60000,00 | AW |
| 1. | 12000,00 | 48000,00 | |
| 2. | 12000,00 | 36000,00 | |
| 3. | 12000,00 | 24000,00 | |
| 4. | 12000,00 | 12000,00 | |
| 5. | 12000,00 | (1,00) | EW |

AW = Anschaffungswert
EW = Erinnerungswert

c)

| | | | Soll | Haben |
|---|---|---|---|---|
| 1. Jahr: | 650 | Abschreibung auf Sachanlagen | 12000,00 | |
| | an 084 | an Fuhrpark | | 12000,00 |
| 5. Jahr: | 650 | Abschreibung auf Sachanlagen | 11999,00 | |
| | an 084 | an Fuhrpark | | 11999,00 |

**6 Buchungssätze**

| Nr. | Kto. Nr. | Konto | Soll | Haben |
|---|---|---|---|---|
| 1. | 650 | Abschreibung auf Sachanlagen | 54000,00 | |
| | an 071 | an Maschinen | | 54000,00 |
| 2. | 650 | Abschreibung auf Sachanlagen | 72000,00 | |
| | an 084 | an Fuhrpark | | 72000,00 |

**Abschlussbuchungen**

| | | | Soll | Haben |
|---|---|---|---|---|
| I. | 802 | GuV | 126000,00 | |
| | an 650 | an Abschreibung auf Sachanlagen | | 126000,00 |
| II. | 801 | Schlussbilanz | 794000,00 | |
| | an 071 | an Maschinen | | 486000,00 |
| | 084 | Fuhrpark | | 308000,00 |

**T-Kontenabschluss**

S 071 Maschinen H

| S | | H | |
|---|---|---|---|
| AB | 540000,00 | 1) | 54000,00 |
| | | EB | 486000,00 |
| | 540000,00 | | 540000,00 |

S 650 Abschreibung auf SA H

| S | | H | |
|---|---|---|---|
| 1) | 54000,00 | GuV | 126000,00 |
| 2) | 72000,00 | | |
| | 126000,00 | | 126000,00 |

S 084 Fuhrpark H

| S | | H | |
|---|---|---|---|
| AB | 380000,00 | 2) | 72000,00 |
| | | EB | 308000,00 |
| | 380000,00 | | 380000,00 |

| A | 802 GuV | | E |
|---|---|---|---|
| Abschreibung | 126 000,00 | . | |
| . | | . | |
| . | | . | |
| . | | . | |

| A | 801 Schlussbilanz | | P |
|---|---|---|---|
| Maschinen | 486 000,00 | . | |
| Fuhrpark | 308 000,00 | . | |
| . | | . | |
| . | | . | |
| . | | . | |

**7** a) (1) 083 Lager- und Transporteinrichtungen 32 000,00
260 Vorsteuer 6 080,00
an 44 an Verbindlichkeiten 38 080,00
(2) 44 Verbindlichkeiten 38 080,00
an 280 an Bank 38 080,00

b) – Nutzungsdauer lt. Tabelle: 8 Jahre

– linearer Abschreibungsbetrag pro Jahr $= \frac{\text{Anschaffungswert}}{\text{Nutzungsdauer}} = \frac{32\,000{,}00}{8} = 4\,000{,}00$

– Abschreibung ab April bis Dezember = 9 Monate

– Abschreibungsbetrag: 4 000,00 : 12 Monate · 9 Monate = 3 000,00 EUR

Buchungssatz:

650 Abschreibung auf Sachanlagen 3 000,00
an 083 an Lager- und Transporteinrichtungen 3 000,00

c) – linearer Abschreibungssatz pro Jahr $= \frac{100}{\text{Nutzungsdauer}} = \frac{100}{8} = 12{,}5\ \%$

– linearer Abschreibungssatz 9 Monate = 12,5 % : 12 · 9 Monate = 9,375 %

– degressiver Abschreibungssatz pro Jahr = (2 · linearer Satz; max 20 %) = 20 %

– degressiver Abschreibungssatz 9 Monate = 20 % : 12 · 9 Monate = 15 %

| Zeit in Jahren | Lineare Abschreibung | | | Degressive Abschreibung | | |
|---|---|---|---|---|---|---|
| | Restwert | Abschreibungsbetrag | | Restwert | Abschreibungsbetrag | |
| Anschaffungswert | 32 000,00 | | | 32 000,00 | | |
| Buchwert Ende 1. Jahr | 29 000,00 | 3 000,00 | (9,375 %) | 27 200,00 | 4 800,00 | (15 %) |
| Buchwert Ende 2. Jahr | 25 000,00 | 4 000,00 | (12,5 %) | 21 760,00 | 5 440,00 | (20 %) |
| Buchwert Ende 3. Jahr | 21 000,00 | 4 000,00 | (12,5 %) | 17 408,00 | 4 352,00 | (20 %) |

**8** a) 071 Maschinen 24 000,00
260 Vorsteuer 4 560,00
an 44 an Verbindlichkeiten 28 560,00

b) 44 Verbindlichkeiten 28 560,00
an 280 an Bank 28 560,00

c) – Nutzungsdauer lt. Tabelle: 8 Jahre

– linearer Abschreibungsbetrag pro Jahr $= \frac{\text{Anschaffungswert}}{\text{Nutzungsdauer}} = \frac{24\,000{,}00}{8} = 3\,000{,}00$

– Abschreibung ab Juli bis Dezember = 6 Monate

– Abschreibungsbetrag: 4000,00 : 2 = 2000,00

Buchungssatz:

| | | | |
|---|---|---|---|
| 650 | Abschreibung auf Sachanlagen | 2000,00 | |
| an 071 | an Maschinen | | 2000,00 |

– Restwert der Maschine:

| | |
|---|---|
| 24000,00 | AW |
| – 3000,00 | Abschreibung |
| 21000,00 | Restwert |

## 9 Geschäftsvorfälle

| Nr. | Kto. Nr. | Konto | Soll | Haben |
|---|---|---|---|---|
| 1. | 200 | Waren | 35000,00 | |
| | 260 | Vorsteuer | 6650,00 | |
| | an 44 | an Verbindlichkeiten | | 41650,00 |
| 2. | 280 | Bank | 12000,00 | |
| | an 240 | an Forderungen | | 12000,00 |
| 3. | 280 | Bank | 18000,00 | |
| | 240 | Forderungen | 53400,00 | |
| | an 500 | an Umsatzerlöse | | 60000,00 |
| | 480 | USt (MwSt.) | | 11400,00 |
| 4. | 63 | Gehälter | 9000,00 | |
| | an 282 | an Kasse | | 9000,00 |
| 5. | 071 | Maschinen | 22000,00 | |
| | 260 | Vorsteuer | 4180,00 | |
| | an 280 | an Bank | | 26180,00 |
| 6. | 280 | Bank | 1500,00 | |
| | an 571 | an Zinserträge | | 1500,00 |
| 7. | 240 | Forderungen | 35700,00 | |
| | an 500 | an Umsatzerlöse | | 30000,00 |
| | 480 | USt (MwSt.) | | 5700,00 |

**Abschlussbuchungen**

| | | | | |
|---|---|---|---|---|
| I. | a) 480 | USt (MwSt.) | | |
| | an 260 | an Vorsteuer | | |
| | b) 480 | USt (MwSt.) | | |
| | an 280 | an Bank | | |
| II. | 801 | Schlussbilanz | 135000,00 | |
| | an 200 | an Waren | | 135000,00 |
| III. | a) 650 | Abschreibungen auf Sachanlagen | 12000,00 | |
| | an 05 | an Gebäude | | 12000,00 |
| | b) 650 | Abschreibungen auf Sachanlagen | 18000,00 | |
| | an 071 | an Maschinen | | 18000,00 |
| | c) 650 | Abschreibungen auf Sachanlagen | 20000,00 | |
| | an 084 | an Fuhrpark | | 20000,00 |
| IV. | 600 | AfW | | |
| | an 200 | an Waren | | |
| V. | 802 | GuV | | |
| | an Kto. Kl. 6, 7 | an Aufwandskonten | | |
| VI. | Kto. Kl. 5 | Ertragskonten | | |
| | an 802 | an GuV | | |

| | | |
|---|---|---|
| VII. | 802 | GuV (Gewinn) |
| | an 30 | an Eigenkapital |
| VIII. | 801 | Schlussbilanz |
| | an Kto. Kl. 0, 1, 2 | an Aktivkonten |
| IX. | Kto. Kl. 3, 4 | Passivkonten |
| | an 801 | an Schlussbilanz |

**T-Kontenabschluss**

A — Eröffnungsbilanz — P

| A | | P | |
|---|---|---|---|
| Beb. Grundstücke | 588 000,00 | Eigenkapital | 650 000,00 |
| Maschinen | 270 000,00 | Hypothekenschulden | 400 000,00 |
| Fuhrpark | 80 000,00 | Verbindlichkeiten | 120 000,00 |
| Waren | 130 000,00 | | |
| Forderungen | 65 000,00 | | |
| Bank | 25 000,00 | | |
| Kasse | 12 000,00 | | |
| | 1 170 000,00 | | 1 170 000,00 |

S — 05 Bebaute Grundstücke — H

| S | | H | |
|---|---|---|---|
| AB | 588 000,00 | III. a) | 12 000,00 |
| | | EB | 576 000,00 |
| | 588 000,00 | | 588 000,00 |

S — 30 Eigenkapital — H

| S | | H | |
|---|---|---|---|
| EB | 652 500,00 | AB | 650 000,00 |
| | | **Gewinn** | **2 500,00** |
| | 652 500,00 | | 652 500,00 |

S — 071 Maschinen — H

| S | | H | |
|---|---|---|---|
| AB | 270 000,00 | III. b) | 18 000,00 |
| 5) | 22 000,00 | EB | 274 000,00 |
| | 292 000,00 | | 292 000,00 |

S — 41 Hypothekenschulden — H

| S | | H | |
|---|---|---|---|
| EB | 400 000,00 | AB | 400 000,00 |

S — 084 Fuhrpark — H

| S | | H | |
|---|---|---|---|
| AB | 80 000,00 | III. c) | 20 000,00 |
| | | EB | 60 000,00 |
| | 80 000,00 | | 80 000,00 |

S — 44 Verbindlichkeiten — H

| S | | H | |
|---|---|---|---|
| EB | 161 650,00 | AB | 120 000,00 |
| | | 1) | 41 650,00 |
| | 161 650,00 | | 161 650,00 |

S — 200 Waren — H

| S | | H | |
|---|---|---|---|
| AB | 130 000,00 | EB (II) | 135 000,00 |
| 1) | 35 000,00 | AfW | 30 000,00 |
| | 165 000,00 | | 165 000,00 |

S — 480 USt (MwSt.) — H

| S | | H | |
|---|---|---|---|
| I. a) | 10 830,00 | 3) | 11 400,00 |
| I. b) | 6 270,00 | 7) | 5 700,00 |
| | 17 100,00 | | 17 100,00 |

S — 240 Forderungen — H

| S | | H | |
|---|---|---|---|
| AB | 65 000,00 | 1) | 12 000,00 |
| 3) | 53 400,00 | EB | 142 100,00 |
| 7) | 35 700,00 | | |
| | 154 100,00 | | 154 100,00 |

S — 280 Bank — H

| S | | H | |
|---|---|---|---|
| AB | 25 000,00 | 5) | 26 180,00 |
| 2) | 12 000,00 | I. b) | 6 270,00 |
| 3) | 18 000,00 | EB | 24 050,00 |
| 6) | 1 500,00 | | |
| | 56 500,00 | | 56 500,00 |

| S | 282 Kasse | | H |
|---|---|---|---|
| AB | 12000,00 | 4) | 9000,00 |
| | | EB | 3000,00 |
| | 12000,00 | | 12000,00 |

| S | 260 Vorsteuer | | H |
|---|---|---|---|
| 1) | 6650,00 | I.a) | 10830,00 |
| 5) | 4180,00 | | |
| | 10830,00 | | 10830,00 |

| S | 600 AfW | | H |
|---|---|---|---|
| Waren | 30000,00 | GuV | 30000,00 |

| S | 500 Umsatzerlöse | | H |
|---|---|---|---|
| GuV | 90000,00 | 3) | 60000,00 |
| | | 7) | 30000,00 |
| | 90000,00 | | 90000,00 |

| S | 63 Gehälter | | H |
|---|---|---|---|
| 4) | 9000,00 | GuV | 9000,00 |

| S | 571 Zinserträge | | H |
|---|---|---|---|
| GuV | 1500,00 | 6) | 1500,00 |

| S | 650 Abschreibungen auf SA | | H |
|---|---|---|---|
| III.a) | 12000,00 | GuV | 50000,00 |
| III.b) | 18000,00 | | |
| III.c) | 20000,00 | | |
| | 50000,00 | | 50000,00 |

| A | 802 GuV | | E |
|---|---|---|---|
| AfW | 30000,00 | Umsatzerlöse | 90000,00 |
| Gehälter | 9000,00 | Zinserträge | 1500,00 |
| Abschreibungen auf SA | 50000,00 | | |
| **Gewinn/EK** | **2500,00** | | |
| | 91500,00 | | 91500,00 |

| A | 801 Schlussbilanz | | P |
|---|---|---|---|
| Beb. Grundstücke | 576000,00 | Eigenkapital | 652500,00 |
| Maschinen | 274000,00 | Hypothekenschulden | 400000,00 |
| Fuhrpark | 60000,00 | Verbindlichkeiten | 161650,00 |
| Waren (II) | 135000,00 | | |
| Forderungen | 142100,00 | | |
| Bank | 24050,00 | | |
| Kasse | 3000,00 | | |
| | 1214150,00 | | 1214150,00 |

## 10 Geschäftsvorfälle

| Nr. | Kto. Nr. | Konto | Soll | Haben |
|---|---|---|---|---|
| 1. | 282 | Kasse | 14280,00 | |
| | an 084 | an Fuhrpark | | 12000,00 |
| | 480 | USt (MwSt.) | | 2280,00 |
| 2. | 200 | Waren | 6000,00 | |
| | 260 | Vorsteuer | 1140,00 | |
| | an 44 | an Verbindlichkeiten | | 7140,00 |
| 3. | 280 | Bank | 2000,00 | |
| | an 571 | an Zinserträge | | 2000,00 |
| 4. | 282 | Kasse | 1500,00 | |
| | 280 | Bank | 7500,00 | |
| | 240 | Forderungen | 14800,00 | |
| | an 500 | an Umsatzerlöse | | 20000,00 |
| | 480 | USt (MwSt.) | | 3800,00 |
| 5. | 41 | Darlehen | 25000,00 | |
| | an 280 | an Bank | | 25000,00 |
| 6. | 280 | Bank | 4760,00 | |
| | an 500 | an Umsatzerlöse | | 4000,00 |
| | 480 | USt (MwSt.) | | 760,00 |
| 7. | 670 | Mietaufwand | 5000,00 | |
| | an 280 | an Bank | | 5000,00 |
| 8. | 63 | Gehälter | 8000,00 | |
| | an 282 | an Kasse | | 8000,00 |
| 9. | 240 | Forderungen | 9520,00 | |
| | an 500 | an Umsatzerlöse | | 8000,00 |
| | 480 | USt (MwSt.) | | 1520,00 |
| 10. | 44 | Verbindlichkeiten | 6900,00 | |
| | an 280 | an Bank | | 6900,00 |

### Abschlussbuchungen

| | | | Soll | Haben |
|---|---|---|---|---|
| I. | a) 480 | USt (MwSt.) | | |
| | an 260 | an Vorsteuer | | |
| | b) 480 | USt (MwSt.) | | |
| | an 280 | an Bank | | |
| II. | 801 | Schlussbilanz | 145000,00 | |
| | an 200 | an Waren | | 145000,00 |
| III. | a) 650 | Abschreibungen auf SA | 15000,00 | |
| | an 084 | an Fuhrpark | | 15000,00 |
| | b) 650 | Abschreibungen auf SA | 10000,00 | |
| | an 071 | an Maschinen | | 10000,00 |
| IV. | 600 | AfW | | |
| | an 200 | an Waren | | |
| V. | 802 | GuV | | |
| | an Kto. Kl. 6, 7 | an Aufwandskonten | | |
| VI. | Kto. Kl. 5 | Ertragskonten | | |
| | an 802 | an GuV | | |
| VII. | 30 | Eigenkapital | | |
| | an 802 | an GuV (Verlust) | | |

| | | | |
|---|---|---|---|
| VIII. | 801 an Kto. Kl. 0, 1, 2 | Schlussbilanz an Aktivkonten | |
| IX. | Kto. Kl. 3, 4 an 801 | Passivkonten an Schlussbilanz | |

**T-Kontenabschluss**

| A | 800 Eröffnungsbilanz | | P |
|---|---|---|---|
| Maschinen | 50000,00 | Eigenkapital | 285000,00 |
| Fuhrpark | 180000,00 | Darlehen | 150000,00 |
| Waren | 150000,00 | Verbindlichkeiten | 80000,00 |
| Forderungen | 40000,00 | | |
| Bank | 75000,00 | | |
| Kasse | 20000,00 | | |
| | 515000,00 | | 515000,00 |

| S | 071 Maschinen | | H |
|---|---|---|---|
| AB | 50000,00 | III. b) | 10000,00 |
| | | EB | 40000,00 |
| | 50000,00 | | 50000,00 |

| S | 30 Eigenkapital | | H |
|---|---|---|---|
| **Verlust** | **15000,00** | AB | 285000,00 |
| EB | 270000,00 | | |
| | 285000,00 | | 285000,00 |

| S | 084 Fuhrpark | | H |
|---|---|---|---|
| AB | 180000,00 | 1) | 12000,00 |
| | | III. a) | 15000,00 |
| | | EB | 153000,00 |
| | 180000,00 | | 180000,00 |

| S | 41 Darlehen | | H |
|---|---|---|---|
| 5) | 25000,00 | AB | 150000,00 |
| EB | 125000,00 | | |
| | 150000,00 | | 150000,00 |

| S | 200 Waren | | H |
|---|---|---|---|
| AB | 150000,00 | EB (II) | 145000,00 |
| 2) | 6000,00 | AfW | 11000,00 |
| | 156000,00 | | 156000,00 |

| S | 44 Verbindlichkeiten | | H |
|---|---|---|---|
| 10) | 6900,00 | AB | 80000,00 |
| EB | 80240,00 | 2) | 7140,00 |
| | 87140,00 | | 87140,00 |

| S | 240 Forderungen | | H |
|---|---|---|---|
| AB | 40000,00 | EB | 64320,00 |
| 4) | 14800,00 | | |
| 9) | 9520,00 | | |
| | 64320,00 | | 64320,00 |

| S | 480 USt (MwSt.) | | H |
|---|---|---|---|
| I. a) | 1140,00 | 1) | 2280,00 |
| I. b) | 7220,00 | 4) | 3800,00 |
| | | 6) | 760,00 |
| | | 9) | 1520,00 |
| | 8360,00 | | 8360,00 |

| S | 280 Bank | | H |
|---|---|---|---|
| AB | 75000,00 | 5) | 25000,00 |
| 3) | 2000,00 | 7) | 5000,00 |
| 4) | 7500,00 | 10) | 6900,00 |
| 6) | 4760,00 | I. b) | 7220,00 |
| | | EB | 45140,00 |
| | 89260,00 | | 89260,00 |

| S | 282 Kasse | | H |
|---|---|---|---|
| AB | 20000,00 | 8) | 8000,00 |
| 1) | 14280,00 | EB | 27780,00 |
| 4) | 1500,00 | | |
| | 37780,00 | | 37780,00 |

| S | 260 Vorsteuer | | H |
|---|---|---|---|
| 2) | 1140,00 | I.a) | 1140,00 |

| S | 600 AfW | | H |
|---|---|---|---|
| Waren | 11000,00 | GuV | 11000,00 |

| S | 500 Umsatzerlöse | | H |
|---|---|---|---|
| GuV | 32000,00 | 4) | 20000,00 |
| | | 6) | 4000,00 |
| | | 9) | 8000,00 |
| | 32000,00 | | 32000,00 |

| S | 670 Mietaufwand | | H |
|---|---|---|---|
| 7) | 5000,00 | GuV | 5000,00 |

| S | 571 Zinserträge | | H |
|---|---|---|---|
| GuV | 2000,00 | 3) | 2000,00 |

| S | 63 Gehälter | | H |
|---|---|---|---|
| 8) | 8000,00 | GuV | 8000,00 |

| S | 650 Abschreibungen auf SA | | H |
|---|---|---|---|
| III.a) | 15000,00 | GuV | 25000,00 |
| III.b) | 10000,00 | | |
| | 25000,00 | | 25000,00 |

| A | 802 GuV | | E |
|---|---|---|---|
| AfW | 11000,00 | Umsatzerlöse | 32000,00 |
| Mietaufwand | 5000,00 | Zinserträge | 2000,00 |
| Gehälter | 8000,00 | **Verlust/EK** | **15000,00** |
| Abschreibungen auf SA | 25000,00 | | |
| | 49000,00 | | 49000,00 |

| A | 801 Schlussbilanz | | P |
|---|---|---|---|
| Maschinen | 40000,00 | Eigenkapital | 270000,00 |
| Fuhrpark | 153000,00 | Darlehen | 125000,00 |
| Waren (II) | 145000,00 | Verbindlichkeiten | 80240,00 |
| Forderungen | 64320,00 | | |
| Bank | 45140,00 | | |
| Kasse | 27780,00 | | |
| | 475240,00 | | 475240,00 |

## 11 Geschäftsvorfälle

| Nr. | Kto. Nr. | Konto | Soll | Haben |
|---|---|---|---|---|
| 1. | 200 | Waren | 30000,00 | |
| | 260 | Vorsteuer | 5700,00 | |
| | an 44 | an Verbindlichkeiten | | 35700,00 |
| 2. | 679 | Stromgebühren | 830,00 | |
| | an 280 | an Bank | | 830,00 |
| 3. | 280 | Bank | 3000,00 | |
| | an 541 | an Provisionserträge | | 3000,00 |

| Nr. | Kto. Nr. | Konto | Soll | Haben |
|---|---|---|---|---|
| 4. | 240 | Forderungen | 71 400,00 | |
| | an 500 | an Umsatzerlöse | | 60 000,00 |
| | 480 | USt (MwSt.) | | 11 400,00 |
| 5. | 62 | Löhne | 3 000,00 | |
| | an 282 | an Kasse | | 3 000,00 |

**Abschlussbuchungen**

| Nr. | Kto. Nr. | Konto | Soll | Haben |
|---|---|---|---|---|
| I. a) | 480 | USt (MwSt.) | | |
| | an 260 | an Vorsteuer | | |
| b) | 480 | USt (MwSt.) | | |
| | an 801 | an Schlussbilanz | | |
| II. | 801 | Schlussbilanz | 135 000,00 | |
| | an 200 | an Waren | | 135 000,00 |
| III. a) | 650 | Abschreibungen auf SA | 40 000,00 | |
| | an 084 | an Fuhrpark | | 40 000,00 |
| b) | 650 | Abschreibungen auf SA | 15 000,00 | |
| | an 087 | an Geschäftsausstattung | | 15 000,00 |
| IV. | 600 | AfW | | |
| | an 200 | an Waren | | |
| V. | 802 | GuV | | |
| | an Kto. Kl. 6, 7 | an Aufwandskonten | | |
| VI. | Kto. Kl. 5 | Ertragskonten | | |
| | an 802 | an GuV | | |
| VII. | 30 | Eigenkapital (Verlust) | | |
| | an 802 | an GuV | | |
| VIII. | 801 | Schlussbilanz | | |
| | an Kto. Kl. 0, 1, 2 | an Aktivkonten | | |
| IX. | Kto. Kl. 3, 4 | Passivkonten | | |
| | an 801 | an Schlussbilanz | | |

**T-Kontenabschluss**

A — 801 Eröffnungsbilanz — P

| A | | P | |
|---|---|---|---|
| Fuhrpark | 200 000,00 | Eigenkapital | 300 000,00 |
| BGA | 150 000,00 | Darlehen | 200 000,00 |
| Waren | 120 000,00 | Verbindlichkeiten | 70 000,00 |
| Forderungen | 30 000,00 | | |
| Bank | 50 000,00 | | |
| Kasse | 20 000,00 | | |
| | 570 000,00 | | 570 000,00 |

S — 084 Fuhrpark — H

| S | | H | |
|---|---|---|---|
| AB | 200 000,00 | III. a) | 40 000,00 |
| | | EB | 160 000,00 |
| | 200 000,00 | | 200 000,00 |

S — 30 Eigenkapital — H

| S | | H | |
|---|---|---|---|
| **Verlust** | **10 830,00** | AB | 300 000,00 |
| EB | 289 170,00 | | |
| | 300 000,00 | | 300 000,00 |

| S | 087 Geschäftsausstattung | | H |
|---|---|---|---|
| AB | 150000,00 | III.b) | 15000,00 |
| | | EB | 135000,00 |
| | 150000,00 | | 150000,00 |

| S | 41 Darlehen | | H |
|---|---|---|---|
| EB | 200000,00 | AB | 200000,00 |

| S | 200 Waren | | H |
|---|---|---|---|
| AB | 120000,00 | EB | 135000,00 |
| (2) | 30000,00 | AfW | 15000,00 |
| | 150000,00 | | 150000,00 |

| S | 44 Verbindlichkeiten | | H |
|---|---|---|---|
| EB | 105700,00 | AB | 70000,00 |
| | | (1) | 35700,00 |
| | 105700,00 | | 105700,00 |

| S | 240 Forderungen | | H |
|---|---|---|---|
| AB | 30000,00 | EB | 101400,00 |
| (1) | 71400,00 | | |
| | 101400,00 | | 101400,00 |

| S | 480 USt (MwSt.) | | H |
|---|---|---|---|
| I.a) | 5700,00 | (4) | 11400,00 |
| I.b) | 5700,00 | | |
| | 11400,00 | | 11400,00 |

| S | 280 Bank | | H |
|---|---|---|---|
| AB | 50000,00 | (2) | 830,00 |
| (3) | 3000,00 | EB | 52170,00 |
| | 53000,00 | | 53000,00 |

| S | 282 Kasse | | H |
|---|---|---|---|
| AB | 20000,00 | (5) | 3000,00 |
| | | EB | 17000,00 |
| | 20000,00 | | 20000,00 |

| S | 260 Vorsteuer | | H |
|---|---|---|---|
| (1) | 5700,00 | I.a) | 5700,00 |

| S | 600 AfW | | H |
|---|---|---|---|
| Waren | 15000,00 | GuV | 15000,00 |

| S | 500 Umsatzerlöse | | H |
|---|---|---|---|
| GuV | 60000,00 | (4) | 60000,00 |

| S | 679 Stromgebühren | | H |
|---|---|---|---|
| (2) | 830,00 | GuV | 830,00 |

| S | 541 Provisionserträge | | H |
|---|---|---|---|
| GuV | 3000,00 | (3) | 3000,00 |

| S | 62 Löhne | | H |
|---|---|---|---|
| (5) | 3000,00 | GuV | 3000,00 |

| S | 650 Abschreibungen auf SA | | H |
|---|---|---|---|
| III.a) | 40000,00 | GuV | 55000,00 |
| III.b) | 15000,00 | | |
| | 55000,00 | | 55000,00 |

| A | 802 GuV | | E |
|---|---|---|---|
| AfW | 15000,00 | Umsatzerlöse | 60000,00 |
| Stromgebühren | 830,00 | Provisionserträge | 3000,00 |
| Löhne | 3000,00 | **Verlust** | **10830,00** |
| Abschreibungen auf SA | 55000,00 | | |
| | 73830,00 | | 73830,00 |

| A | 801 Schlussbilanz | | P |
|---|---|---|---|
| Fuhrpark | 160000,00 | Eigenkapital | 289170,00 |
| BGA | 135000,00 | Darlehen | 200000,00 |
| Waren | 135000,00 | Verbindlichkeiten | 105700,00 |
| Forderungen | 101400,00 | USt (MwSt.) (I.b) | 5700,00 |
| Bank | 52170,00 | | |
| Kasse | 17000,00 | | |
| | 600570,00 | | 600570,00 |

# 10 Der Jahresabschluss

**Lösung zu Handlungsaufträgen:**

1. Zur Erstellung eines Jahresabschlusses sind folgende
   I. **Umbuchungen** notwendig:
      a) Abschluss der Unterkonten über die Hauptkonten
         Verbuchung von Vorschüssen
      b) Ermittlung der Zahllast
      c) Verbuchung der Abschreibungen
      d) Verbuchung des Warenendbestandes
      e) Verbuchung des Wareneinsatzes
   II. **Abschlussbuchungen** notwendig:
      a) Abschluss der Erfolgskonten über die GuV
      b) Verbuchung des Erfolges
      c) Verbuchung der Bestandskonten
2. siehe Übungsaufgaben in *Betriebliche Wertprozesse ab Seite 121*!

**1**

| Nr. | Kto. Nr. | Konto | Soll | Haben |
|---|---|---|---|---|
| 1. | 087 | Geschäftsausstattung | 800,00 | |
| | 260 | Vorsteuer | 152,00 | |
| | an 282 | an Kasse | | 952,00 |
| 2. | 240 | Forderungen | 17850,00 | |
| | an 084 | an Fuhrpark | | 15000,00 |
| | 480 | USt (MwSt.) | | 2850,00 |
| 3. | 282 | Kasse | 6000,00 | |
| | an 280 | an Bank | | 6000,00 |
| 4. | 280 | Bank | 2500,00 | |
| | an 571 | an Zinserträge | | 2500,00 |
| 5. | 62 | Löhne | 14000,00 | |
| | an 280 | an Bank | | 7860,00 |
| | 483 | FB-Verbindlichkeiten | | 3240,00 |
| | 484 | SV-Verbindlichkeiten | | 2900,00 |
| | 640 | Arbeitgeberanteil | 2900,00 | |
| | an 484 | an SV-Verbindlichkeiten | | 2900,00 |
| 6. | 689 | Aufw. für Kommunikation | 750,00 | |
| | an 281 (280) | an Postbank | | 750,00 |
| 7. | 483 | FB-Verbindlichkeiten | 3240,00 | |
| | 484 | SV-Verbindlichkeiten | 5800,00 | |
| | an 280 | an Bank | | 9040,00 |
| 8. | 280 | Bank | 25000,00 | |
| | an 41 | an Darlehen | | 25000,00 |
| 9. | 200 | Waren | 3240,00 | |
| | 260 | Vorsteuer | 615,60 | |
| | an 44 | an Verbindlichkeiten | | 3855,60 |
| 10. | 44 | Verbindlichkeiten | 3726,00 | |
| | an 280 | an Bank | | 3726,00 |
| 11. | 650 | Abschreibungen | 7200,00 | |
| | an 071 | an Maschinen | | 7200,00 |

**2**

| Nr. | Kto. Nr. | Konto | Soll | Haben |
|---|---|---|---|---|
| 1. | 087 | Geschäftsausstattung | 1200,00 | |
| | 260 | Vorsteuer | 228,00 | |
| | an 282 | an Kasse | | 1428,00 |
| 2. | 265 | Vorschüsse | 500,00 | |
| | an 282 | an Kasse | | 500,00 |
| 3. | 240 | Forderungen | 5474,00 | |
| | an 500 | an Umsatzerlöse | | 4600,00 |
| | 480 | USt (MwSt.) | | 874,00 |
| 4. | 63 | Gehälter | 4800,00 | |
| | an 280 | an Bank | | 2500,00 |
| | 483 | FB-Verbindlichkeiten | | 1000,00 |
| | 484 | SV-Verbindlichkeiten | | 800,00 |
| | 265 | Vorschüsse | | 500,00 |
| | 640 | Arbeitgeberanteil | 800,00 | |
| | an 484 | an SV-Verbindlichkeiten | | 800,00 |
| 5. | 480 | USt (MwSt.) | 4200,00 | |
| | an 280 | an Bank | | 4200,00 |
| 6. | 670 | Mietaufwand | 5300,00 | |
| | 703 | Kfz-Steuer | 1300,00 | |
| | 689 | Aufw. für Kommunikation | 820,00 | |
| | an 280 | an Bank | | 7420,00 |
| 7. | 280 | Bank | 4350,00 | |
| | an 240 | an Forderungen | | 4350,00 |
| 8. | 41 | Darlehen | 20000,00 | |
| | an 280 | an Bank | | 20000,00 |
| 9. | 282 | Kasse | 2800,00 | |
| | an 540 | an Mieterträge | | 2800,00 |
| 10. | 280 | Bank | 3100,00 | |
| | an 240 | an Forderungen | | 3100,00 |
| 11. | 281 (280) | Postbank | 4800,00 | |
| | an 571 | an Zinserträge | | 4800,00 |
| 12. | 680 | Büromaterial | 60,00 | |
| | 260 | Vorsteuer | 11,40 | |
| | an 282 | an Kasse | | 71,40 |
| 13. | 200 | Waren | 10560,00 | |
| | 260 | Vorsteuer | 2006,40 | |
| | an 44 | an Verbindlichkeiten | | 12566,40 |
| 14. | 650 | Abschreibungen | 30000,00 | |
| | an 071 | an Maschinen | | 15000,00 |
| | 087 | Geschäftsausstattung | | 15000,00 |

**3 Geschäftsvorfälle**

| Nr. | Kto. Nr. | Konto | Soll | Haben |
|---|---|---|---|---|
| 1. | 200 | Waren | 6000,00 | |
| | 260 | Vorsteuer | 1140,00 | |
| | an 282 | an Kasse | | 2500,00 |
| | 280 | Bank | | 3000,00 |
| | 44 | Verbindlichkeiten | | 1640,00 |

| Nr. | Kto. Nr. | Konto | Soll | Haben |
|---|---|---|---|---|
| 2. | 689 | Aufw. f. Kommunikation | 1 350,00 | |
| | an 280 | an Bank | | 1 350,00 |
| 3. | 087 | Geschäftsausstattung | 8 000,00 | |
| | 260 | Vorsteuer | 1 520,00 | |
| | an 44 | an Verbindlichkeiten | | 9 520,00 |
| 4. | 280 | Bank | 29 750,00 | |
| | an 084 | an Fuhrpark | | 25 000,00 |
| | 480 | USt (MwSt.) | | 4 750,00 |
| 5. | 280 | Bank | 7 000,00 | |
| | an 571 | an Zinserträge | | 7 000,00 |
| 6. | 240 | Forderungen | 17 017,00 | |
| | an 500 | an Umsatzerlöse | | 14 300,00 |
| | 480 | USt (MwSt.) | | 2 717,00 |
| 7. | 44 | Verbindlichkeiten | 1 400,00 | |
| | an 280 | an Bank | | 1 400,00 |

**Abschlussbuchungen**

| Nr. | Kto. Nr. | Konto | Soll | Haben |
|---|---|---|---|---|
| I. a) | 480 | USt (MwSt.) | | |
| | an 260 | an Vorsteuer | | |
| b) | 480 | USt (MwSt.) | | |
| | an 280 | an Bank | | |
| II. | 801 | Schlussbilanz | 146 000,00 | |
| | an 200 | an Waren | | 146 000,00 |
| III. | 650 | Abschreibungen | 5 000,00 | |
| | an 087 | an BGA | | 5 000,00 |
| IV. | 600 | AfW | | |
| | an 200 | an Waren | | |
| V. | 803 | GuV | | |
| | an 6/7 | an Aufwandskonten | | |
| VI. | 5 | Ertragskonten | | |
| | an 803 | an GuV | | |
| VII. | 803 | GuV (Gewinn) | | |
| | an 300 | an Eigenkapital | | |
| VIII. | 801 | Schlussbilanz | | |
| | an 0/1/2 | an Aktivkonten | | |
| IX. | 3/4 | Passivkonten | | |
| | an 801 | an Schlussbilanz | | |

**T-Kontenabschluss**

A — 800 Eröffnungsbilanz — P

| | | | |
|---|---|---|---|
| Fuhrpark | 80 000,00 | Eigenkapital | 288 000,00 |
| BGA | 65 000,00 | Verbindlichkeiten | 75 500,00 |
| Waren | 150 000,00 | | |
| Forderungen | 30 000,00 | | |
| Bank | 25 000,00 | | |
| Kasse | 13 500,00 | | |
| | 363 500,00 | | 363 500,00 |

| S | 084 Fuhrpark | | H |
|---|---|---|---|
| AB | 80 000,00 | 4) | 25 000,00 |
| | | EB | 55 000,00 |
| | 80 000,00 | | 80 000,00 |

| S | 300 Eigenkapital | | H |
|---|---|---|---|
| EB | 292 950,00 | AB | 288 000,00 |
| | | **Gewinn** | **4 950,00** |
| | 292 950,00 | | 292 950,00 |

| S | 087 Geschäftsausstattung | | H |
|---|---|---|---|
| AB | 65 000,00 | III. | 5 000,00 |
| 3) | 8 000,00 | EB | 68 000,00 |
| | 73 000,00 | | 73 000,00 |

| S | 44 Verbindlichkeiten | | H |
|---|---|---|---|
| 7) | 1 400,00 | AB | 75 500,00 |
| EB | 85 260,00 | 1) | 1 640,00 |
| | | 3) | 9 520,00 |
| | 86 660,00 | | 86 660,00 |

| S | 200 Waren | | H |
|---|---|---|---|
| AB | 150 000,00 | EB | 146 000,00 |
| 1) | 6 000,00 | AfW | 10 000,00 |
| | 156 000,00 | | 156 000,00 |

| S | 480 USt (MwSt.) | | H |
|---|---|---|---|
| I. a) | 2 660,00 | 4) | 4 750,00 |
| I. b) | 4 807,00 | 6) | 2 717,00 |
| | 7 467,00 | | 7 467,00 |

| S | 240 Forderungen | | H |
|---|---|---|---|
| AB | 30 000,00 | EB | 47 017,00 |
| 6) | 17 017,00 | | |
| | 47 017,00 | | 47 017,00 |

| S | 260 Vorsteuer | | H |
|---|---|---|---|
| 1) | 1 140,00 | I. a) | 2 660,00 |
| 3) | 1 520,00 | | |
| | 2 660,00 | | 2 660,00 |

| S | 280 Bank | | H |
|---|---|---|---|
| AB | 52 000,00 | 1) | 30 000,00 |
| 4) | 29 750,00 | 2) | 1 350,00 |
| 5) | 7 000,00 | 7) | 1 400,00 |
| | | I. b) | 4 807,00 |
| | | EB | 51 193,00 |
| | 88 750,00 | | 88 750,00 |

| S | 282 Kasse | | H |
|---|---|---|---|
| AB | 13 500,00 | 1) | 2 500,00 |
| | | EB | 11 000,00 |
| | 13 500,00 | | 13 500,00 |

| S | 600 AfW | | H |
|---|---|---|---|
| Waren | 10 000,00 | GuV | 10 000,00 |

| S | 500 Umsatzerlöse | | H |
|---|---|---|---|
| GuV | 14 300,00 | 6) | 14 300,00 |
| | 14 300,00 | | 14 300,00 |

| S | 689 Aufw. für Kommunikation | | H |
|---|---|---|---|
| 2) | 1 350,00 | GuV | 1 350,00 |

| S | 571 Zinserträge | | H |
|---|---|---|---|
| GuV | 7 000,00 | 7) | 7 000,00 |

| S | 650 Abschreibungen auf SA | | H |
|---|---|---|---|
| III. | 5 000,00 | GuV | 5 000,00 |

| A | 803 GuV | | E |
|---|---|---|---|
| AfW | 10 000,00 | Umsatzerlöse | 14 300,00 |
| Aufw. für Kommunikation | 1 350,00 | Zinserträge | 7 000,00 |
| Abschreibungen auf SA | 5 000,00 | | |
| **Gewinn/EK** | **4 950,00** | | |
| | 21 300,00 | | 21 300,00 |

| A | 801 Schlussbilanz | | P |
|---|---|---|---|
| Fuhrpark | 55 000,00 | Eigenkapital | 292 950,00 |
| BGA | 68 000,00 | Verbindlichkeiten | 85 260,00 |
| Waren | 146 000,00 | | |
| Forderungen | 47 017,00 | | |
| Bank | 51 193,00 | | |
| Kasse | 11 000,00 | | |
| | 378 210,00 | | 378 210,00 |

**4 Geschäftsvorfälle**

| Nr. | Kto. Nr. | Konto | Soll | Haben |
|---|---|---|---|---|
| 1. | 240 | Forderungen | 23 800,00 | |
| | an 500 | an Umsatzerlöse | | 20 000,00 |
| | 480 | USt (MwSt.) | | 3 800,00 |
| 2. | 282 | Kasse | 5 200,00 | |
| | an 540 | an Mieterträge | | 5 200,00 |
| 3. | 63 | Gehälter | 8 500,00 | |
| | an 280 | an Bank | | 4 700,00 |
| | 483 | FB-Verbindlichkeiten | | 2 000,00 |
| | 484 | SV-Verbindlichkeiten | | 1 800,00 |
| | 640 | Arbeitgeberanteil | 1 800,00 | |
| | an 484 | an SV-Verbindlichkeiten | | 1 800,00 |
| 4. | 44 | Verbindlichkeiten | 6 400,00 | |
| | an 280 | an Bank | | 6 400,00 |
| 5. | 282 | Kasse | 8 000,00 | |
| | an 280 | an Bank | | 8 000,00 |
| 6. | 200 | Waren | 6 100,00 | |
| | 260 | Vorsteuer | 1 159,00 | |
| | an 44 | an Verbindlichkeiten | | 7 259,00 |
| 7. | 280 | Bank | 23 000,00 | |
| | an 240 | an Forderungen | | 23 000,00 |
| 8. | 41 | Hypothekenschulden | 30 000,00 | |
| | an 280 | an Bank | | 30 000,00 |
| 9. | 084 | Fuhrpark | 40 000,00 | |
| | 260 | Vorsteuer | 7 600,00 | |
| | an 44 | an Verbindlichkeiten | | 47 600,00 |
| 10. | 280 | Bank | 36 414,00 | |
| | an 500 | an Umsatzerlöse | | 30 600,00 |
| | 480 | USt (MwSt.) | | 5 814,00 |
| 11. | 483 | FB-Verbindlichkeiten | 2 000,00 | |
| | 484 | SV-Verbindlichkeiten | 3 600,00 | |
| | an 280 | an Bank | | 5 600,00 |

**Abschlussbuchungen**

| | | |
|---|---|---|
| I. a) | 480 | USt (MwSt.) |
| | an 260 | an Vorsteuer |
| b) | 480 | USt (MwSt.) |
| | an 801 | an Schlussbilanz |

| | | | | |
|---|---|---|---|---|
| II. | 801 | Schlussbilanz | 190000,00 | |
| | an 200 | an Waren | | 190000,00 |
| III. | 650 | Abschreibungen auf SA | 8000,00 | |
| | an 084 | an Fuhrpark | | 8000,00 |
| IV. | 600 | AfW | | |
| | an 200 | an Waren | | |
| V. | 803 | GuV | | |
| | an 6/7 | an Aufwandskonten | | |
| VI. | 5 | Ertragskonten | | |
| | an 803 | an GuV | | |
| VII. | 803 | GuV (Gewinn) | | |
| | an 300 | an Eigenkapital | | |
| VIII. | 801 | Schlussbilanz | | |
| | an 0/1/2 | an Aktivkonten | | |
| IX. | 3/4 | Passivkonten | | |
| | an 801 | an Schlussbilanz | | |

**T-Kontenabschluss**

A — 800 Eröffnungsbilanz — P

| A | | P | |
|---|---|---|---|
| Grundstücke | 780000,00 | Eigenkapital | 680000,00 |
| Fuhrpark | 120000,00 | Hypothekenschulden | 450000,00 |
| Waren | 200000,00 | Verbindlichkeiten | 120000,00 |
| Forderungen | 80000,00 | | |
| Bank | 52000,00 | | |
| Kasse | 18000,00 | | |
| | 1250000,00 | | 1250000,00 |

S — 05 Grundstücke — H

| S | | H | |
|---|---|---|---|
| AB | 780000,00 | EB | 780000,00 |

S — 300 Eigenkapital — H

| S | | H | |
|---|---|---|---|
| EB | 701400,00 | AB | 680000,00 |
| | | **Gewinn** | **21400,00** |
| | 701400,00 | | 701400,00 |

S — 084 Fuhrpark — H

| S | | H | |
|---|---|---|---|
| AB | 120000,00 | III. | 8000,00 |
| 9) | 40000,00 | EB | 152000,00 |
| | 160000,00 | | 160000,00 |

S — 41 Hypothekenschulden — H

| S | | H | |
|---|---|---|---|
| 8) | 30000,00 | AB | 450000,00 |
| EB | 420000,00 | | |
| | 450000,00 | | 450000,00 |

S — 200 Waren — H

| S | | H | |
|---|---|---|---|
| AB | 200000,00 | EB | 190000,00 |
| 6) | 6100,00 | AfW | 16100,00 |
| | 206100,00 | | 206100,00 |

S — 44 Verbindlichkeiten — H

| S | | H | |
|---|---|---|---|
| 4) | 6400,00 | AB | 120000,00 |
| EB | 168459,00 | 6) | 7259,00 |
| | | 9) | 47600,00 |
| | 174859,00 | | 174859,00 |

S — 480 USt (MwSt.) — H

| S | | H | |
|---|---|---|---|
| I. | 8759,00 | 1) | 3800,00 |
| EB | 855,00 | 10) | 5814,00 |
| | 9614,00 | | 9614,00 |

| S | 240 Forderungen | | H |
|---|---|---|---|
| AB | 80000,00 | 7) | 23000,00 |
| 1) | 23800,00 | EB | 80800,00 |
| | 103800,00 | | 103800,00 |

| S | 483 FB-Verbindlichkeiten | | H |
|---|---|---|---|
| 11) | 2000,00 | 3) | 2000,00 |

| S | 280 Bank | | H |
|---|---|---|---|
| AB | 52000,00 | 3) | 4700,00 |
| 7) | 23000,00 | 4) | 6400,00 |
| 10) | 36414,00 | 5) | 8000,00 |
| | | 8) | 30000,00 |
| | | 11) | 5600,00 |
| | | EB | 56714,00 |
| | 111414,00 | | 111414,00 |

| S | 484 SV-Verbindlichkeiten | | H |
|---|---|---|---|
| 11) | 3600,00 | 3) | 1800,00 |
| | | 3) | 1800,00 |
| | 3600,00 | | 3600,00 |

| S | 282 Kasse | | H |
|---|---|---|---|
| AB | 18000,00 | EB | 31200,00 |
| 2) | 5200,00 | | |
| 5) | 8000,00 | | |
| | 31200,00 | | 31200,00 |

| S | 260 Vorsteuer | | H |
|---|---|---|---|
| 6) | 1159,00 | I. | 8759,00 |
| 9) | 7600,00 | | |
| | 8759,00 | | 8759,00 |

| S | 600 AfW | | H |
|---|---|---|---|
| Waren | 16100,00 | GuV | 16100,00 |

| S | 500 Umsatzerlöse | | H |
|---|---|---|---|
| GuV | 50600,00 | 1) | 20000,00 |
| | | 10) | 30600,00 |
| | 50600,00 | | 50600,00 |

| S | 63 Gehälter | | H |
|---|---|---|---|
| 3) | 8500,00 | GuV | 8500,00 |

| S | 540 Mieterträge | | H |
|---|---|---|---|
| GuV | 5200,00 | 2) | 5200,00 |

| S | 640 Arbeitgeberanteil | | H |
|---|---|---|---|
| 3) | 1800,00 | GuV | 1800,00 |

| S | 650 Abschreibungen auf SA | | H |
|---|---|---|---|
| III. | 8000,00 | GuV | 8000,00 |

| A | 803 GuV | | E |
|---|---|---|---|
| AfW | 16100,00 | Umsatzerlöse | 50600,00 |
| Gehälter | 8500,00 | Mieterträge | 5200,00 |
| Arbeitgeberanteil | 1800,00 | | |
| Abschreibungen auf SA | 8000,00 | | |
| **Gewinn/EK** | **21400,00** | | |
| | 55800,00 | | 55800,00 |

| A | 804 Schlussbilanz | | P |
|---|---|---|---|
| Grundstücke | 780 000,00 | Eigenkapital | 701 400,00 |
| Fuhrpark | 152 000,00 | Hypothekenschulden | 420 000,00 |
| Waren | 190 000,00 | Verbindlichkeiten | 168 459,00 |
| Forderungen | 80 800,00 | USt (MwSt.) | 855,00 |
| Bank | 56 714,00 | | |
| Kasse | 31 200,00 | | |
| | 1 290 714,00 | | 1 290 714,00 |

# 11 Lagerkennziffern

**Lösung zu Handlungsaufträgen:**

1. Die Bestandsoptimierung, d.h. weder zu große noch zu geringe Lagerbestände zu unterhalten, ist für ein Unternehmen vorteilhaft. Mithilfe der Lagerkennziffern und der ABC-Analyse versucht man, die Bestände an den einzelnen Warensorten in einen für das Unternehmen optimalen Zustand zu bringen, um sowohl die Lagerrisiken als auch die Kapitalbindung zu verringern.
2. Zur Optimierung der Bestände ist es erforderlich, die einzelnen Güter und die Lieferanten genau zu analysieren und danach festzulegen, ob und wenn ja, wie hoch z.B. ein eiserner Bestand aufgebaut werden sollte. Diese Festlegung hat eine entscheidende Bedeutung sowohl für die Höhe des durchschnittlichen Lagerbestandes als auch für Umschlagshäufigkeit der Produkte.
3. Folgende wichtige Lagerkennziffern lassen sich unterscheiden:
   - durchschnittlicher Lagerbestand
   - Umschlagshäufigkeit
   - durchschnittliche Lagerdauer
   - Lagerzinssatz
   - Lagerzinsen

## 11.4 Der Lagerzinssatz

**1** a)

| | Vorjahr | Berichtsjahr |
|---|---|---|
| 1. | 400 000,00 EUR | 410 000,00 EUR |
| 2. | 9 | 11 |
| 3. | 40 Tage | 33 Tage |

b) Der durchschnittliche Lagerbestand erhöhte sich im Berichtsjahr um 10 000,00 EUR. Aufgrund des verbesserten Wareneinsatzes konnte die Umschlagshäufigkeit erhöht werden, was eine direkte Senkung der durchschnittlichen Lagerdauer zur Folge hatte.

**2** a) $\varnothing\,\text{Lagerbestand} = \frac{750\,000 + 740\,000 + 610\,000}{3} = \underline{\underline{700\,000{,}00\ \text{EUR}}}$

b) $\text{UH} = \frac{4\,200\,000}{700\,000} = \underline{\underline{6}}$

c) $\varnothing\,\text{Lagerdauer} = \frac{360}{6} = \underline{\underline{60\ \text{Tage}}}$

**3** **Abschluss der Unterkonten**

| | Soll | Haben |
|---|---|---|
| Waren | 13 000,00 | |
| an Bezugskosten | | 13 000,00 |
| Preisnachlässe und Rücksendungen | 35 000,00 | |
| an Waren | | 35 000,00 |

S Waren H

| | | | |
|---|---|---|---|
| AB | 280 000,00 | EB | 300 000,00 |
| Zugänge | 1 782 000,00 | 2) Rücksendungen | 35 000,00 |
| 1) Bezugskosten | 13 000,00 | AfW (Wareneinsatz) | 1 740 000,00 |
| | 2 075 000,00 | | 2 075 000,00 |

a) $\varnothing$ Lagerbestand $= \frac{280\,000 + 300\,000}{2} = 290\,000{,}00$ EUR

b) Umschlagshäufigkeit $= \frac{1\,740\,000}{290\,000} = 6$

c) $\varnothing$ Lagerdauer $= \frac{360}{6} = 60$ Tage

**4** a)

| | Vorjahr | Berichtsjahr |
|---|---|---|
| 1. | 1 300 000,00 EUR | 1 600 000,00 EUR |
| 2. | 272 500,00 EUR | 251 500,00 EUR |
| 3. | 4,77 | 6,36 |
| 4. | 76 Tage[1)] | 57 Tage |

b) Der Wareneinsatz konnte erhöht werden. Da gleichzeitig eine Senkung des ∅ Lagerbestandes erfolgte, konnte die Umschlagshäufigkeit gesteigert und die ∅ Lagerdauer erheblich verkürzt werden.
Insgesamt hat sich die Situation im Berichtsjahr gegenüber dem Vorjahr sehr positiv verändert.

**5** a) $\varnothing \text{LB} = \frac{\text{AB} + 4\text{ Q.-EB}}{5} = \frac{850\,000 + 2\,650\,000}{5} = \underline{\underline{700\,000{,}00\text{ EUR}}}$

b) $\text{UH} = \frac{\text{WE}}{\varnothing \text{LB}} = \frac{3\,150\,000}{700\,000} = \underline{\underline{4{,}5}}$

c) $\varnothing \text{LD} = \frac{360}{\text{UH}} = \frac{360}{4{,}5} = \underline{\underline{80\text{ Tage}}}$

d) $\text{Lagerzinssatz} = \frac{p \cdot \varnothing \text{LD}}{360} = \underline{\underline{2\,\%}}$

Eine Beurteilung der Werte ist nicht möglich, da keine Vergleichswerte vorliegen!

**6** a) $\varnothing \text{LB} = \frac{\text{AB} + 12\text{ M.-EB}}{13} = 1\,150{,}00$ EUR

b) $\text{UH} = \frac{\text{WE}}{\varnothing \text{LB}} = \frac{6\,900}{1\,150} = 6$

c) $\varnothing \text{LD} = \frac{360}{\text{UH}} = \frac{360}{6} = 60$ Tage

**7** a) $\text{Lieferzeit} = \frac{\text{Meldebestand} - \text{Mindestbestand}}{\text{tägl. Verbrauch}}$

$\text{Lieferzeit} = \frac{360 - 120}{12}$

Lieferzeit = 20 Tage

b) $\varnothing \text{LD} = \frac{90}{\text{UH}} = \frac{90}{1{,}2} = 75$ Tage

Voraussetzungen:

1. $\varnothing \text{LB} = \frac{\text{AB} + 3\text{ M.-EB}}{4}$

[1)] Tage wurden aufgerundet!

2. $UH = \frac{WE}{\varnothing LB}$ → 

| | |
|---|---|
| = AB | 780 |
| + Z. | 500 |
| – EB | 580 |
| = WE | 700 |

$UH = \frac{700}{575}$ ←

$UH = 1{,}2$

**8** a) $\varnothing LB = \frac{AB + 12\ M.\text{-}EB}{13} = \frac{364\,000}{13} = 28\,000{,}00\ EUR$

b) $UH = \frac{WE}{\varnothing LB} = \frac{100\,800}{28\,000} = 3{,}6$

c) $\varnothing LD = \frac{360}{UH} = \frac{360}{3{,}6} = 100\ \text{Tage}$

d) $\varnothing\ \text{Tagesverbrauch} = \frac{WE}{235} = \frac{100\,800}{235} = 428{,}94\ \text{Stück}$

**9** a) MB = täglicher Verbrauch · Lieferzeit + eiserner Bestand

$\text{täglicher Verbrauch} = \frac{MB - e.\,B.}{\text{Lieferzeit}} = \frac{440 - 154}{13} = \underline{\underline{22\ \text{Stück}}}$

b) $\underline{\underline{960\ \text{Stück}}}$

c) $\varnothing LB = \frac{AB + 4\ \text{Quartals-EB}}{5}$

$= \frac{600 + 370 + 470 + 220 + 260}{5}$

$= \underline{\underline{384\ \text{Stück}}}$

d) $WE = AB + \text{Zugänge} - EB$

$= 600 + 4\,100 - 260$

$= \underline{\underline{4\,440\ \text{Stück}}}$

e) $UH = \frac{WE}{\varnothing LB} = \frac{4\,440}{384} = 11{,}56 = 12$

$\varnothing LD = \frac{360}{UH} = \frac{360}{12}$

$= 30\ \text{Tage}$

f) $\text{Lagerzinssatz} = \frac{\varnothing LD \cdot p}{360} = \frac{30 \cdot 9}{360} = 0{,}75\,\%$

g) 384 Stück · 40,00 EUR = 15 360,00 EUR

$\text{Lagerzinsen} = \frac{\varnothing LB \cdot LD \cdot p}{100 \cdot 360}$

$= \frac{15\,360 \cdot 30 \cdot 9}{100 \cdot 360}$

$= \underline{\underline{115{,}20\ EUR}}$